1 山《やま》に木《き》がある。

山 サン　やま
木 ボク　モク　き　こ

ふじ□《さん》はゆう名《めい》な□《やま》。

とうさんと□《やま》のぼり。

□《やま》の上《うえ》まで□《さん》道《どう》がある。

森《もり》に大《たい》□《ぼく》があるよ。

□《もく》曜《よう》日《び》に□《き》のぼりをした。

□《やま》に□《き》がある。

がつ　にち

てん／10てん

おうちの方へ
（山の昔の字）から山の字が　　　　。　は木。物の形と漢字を比べてみると楽しく勉強できます。

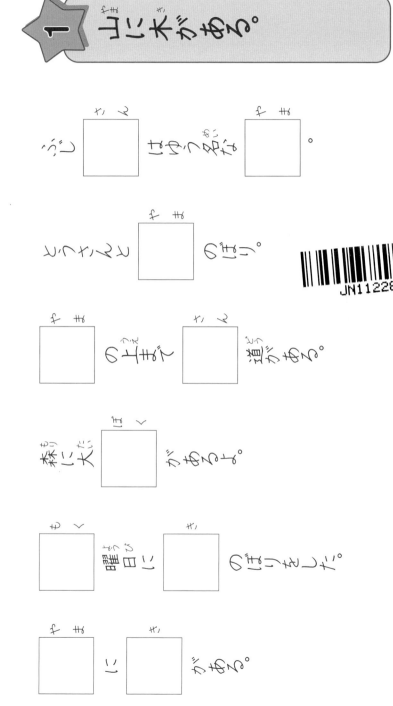

2 本《ほん》を一《いっ》さつかりる。

本
ホン
もと

一
イチ
イツ
ひと
ひとつ

すきな□《ほん》を読《よ》む。

木《き》のね□《もと》をほる。

□《き》が□《いっ》□《ぽん》生《は》えている。

□《いち》年《ねん》の□《ほん》はどれですか。

おかしを□《ひと》つ食《た》べた。

□《ほん》を□《いっ》さつかりる。

がつ　にち

てん／10てん

おうちの方へ

木の「ねもと」は、根本と根元の二つの書き方があります。教科書にも小学生用国語辞典にもあります。

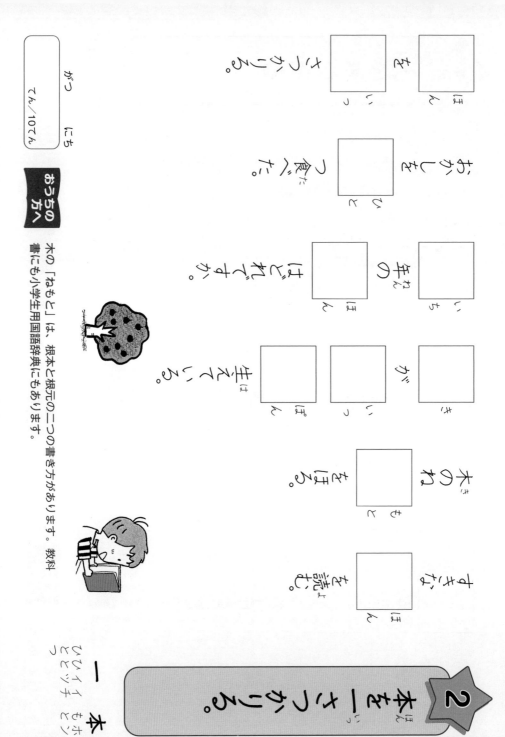

3 森《もり》へ虫《むし》とりにいこう。

森　シン　もり
虫　チュウ　むし

□《もり》に大《おお》きな木《き》がある。

□《しん》林《りん》よくはいい気分《きぶん》。

□《むし》がいる□《もり》。

□《もり》にすむは□《ちゅう》るい。

カブト□《むし》はこん□《ちゅう》です。

□《もり》へ□《むし》とりにいこう。

がつ　にち
てん／10てん

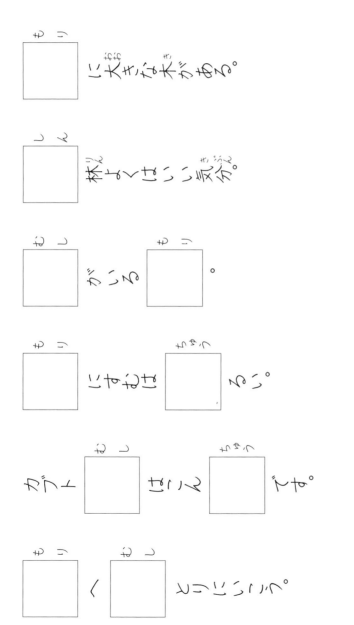

4 竹林《ちくりん》のむこうは森《もり》だ。

竹　チク　たけ

林　リン　はやし

□《たけ》とんぼがよくとんだ。

□《たけ》やぶの□《たけ》を一本《いっぽん》切《き》る。

ぼくは□《たけ》馬《うま》が上手《じょうず》です。

むこうに□□《ちくりん》が広《ひろ》がる。

□《はやし》の中《なか》に光《ひか》る□《たけ》があった。

□□《ちくりん》のむこうは森《もり》だ。

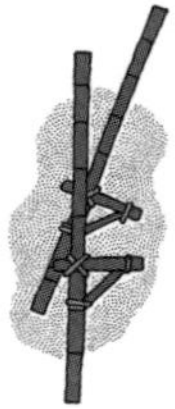

がつ　にち

てん／10てん

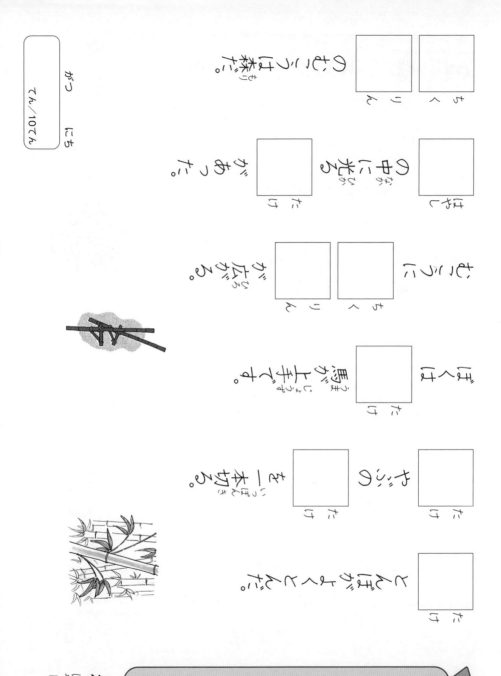

5 二《に》ひきの犬《いぬ》がじゃれる。

二　ふたつ　ふた　ニ
＊二人《ふたり》
犬　いぬ　ケン

□《いぬ》が□《に》かいから見《み》ている。

鳥《とり》のたまごを□《ふた》つ見《み》つけた。

□《ふた》えまぶたの人《ひと》が□《ふたり》人いる。

□《いぬ》ごやの中《なか》でねる子《こ》□《いぬ》。

けいさつ□《けん》が活《かつ》やくする。

□《に》ひきの□《いぬ》がじゃれる。

がつ　にち
てん／10てん

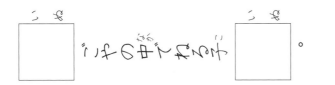

6 友《とも》だち百人《ひゃくにん》できるかな。

百 ヒャク

人 ジン ニン ひと

＊大人《おとな》

□《ひゃく》年《ねん》たった古《ふる》い家《いえ》にすむ□《ひと》。

□《ひゃく》円玉《えんだま》でお買《か》いもの。

大□《おとな》が□《ひゃく》人《にん》いる。

犬《いぬ》がすきな□《ひと》、ねこがすきな□《ひと》。

竹馬《たけうま》の名《めい》□《じん》はだれ？

友《とも》だち□《ひゃく》□《にん》できるかな。

がつ　にち

てん／10てん

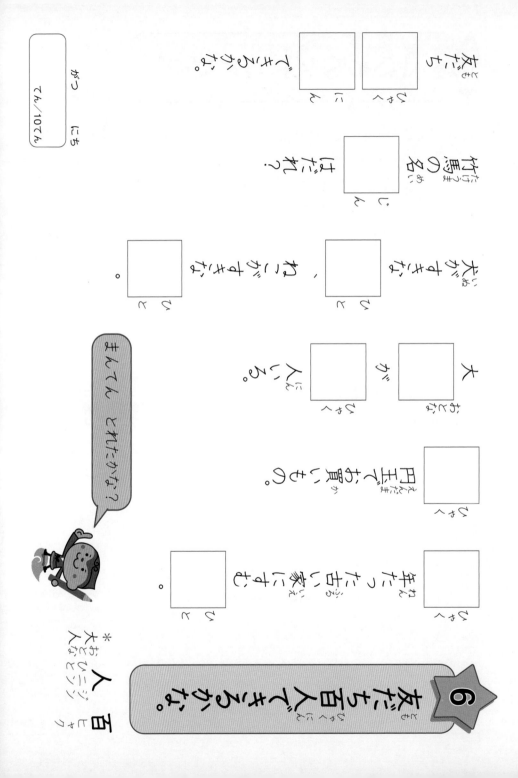

7 雨《あめ》なので遠《えん》足《そく》がのびた。

雨　ウ　あめ　あま

足　ソク　あし　たりる

大《おお》□《あめ》で電車《でんしゃ》が止《と》まった。

よほうではあすは□《う》天《てん》です。

□《あま》がさをわすれたけど□《あめ》がふった。

おかし二《ふた》つ、百円《ひゃくえん》で□《た》りるかな。

一《ひと》□《あし》二《ふた》□《あし》三《み》□《あし》すすむ。

□《あめ》なので遠《えん》□《そく》がのびた。

がつ　にち

てん／10てん

8 天《あま》の川《がわ》がきれいに見《み》える。

天 テン あま

川 かわ

あしたの□《てん》気《き》は雨《あめ》です。

□《てん》じょうが□《かわ》の水面《すいめん》のもよう。

□《てん》にものぼるいい気《き》もち。

雨《う》□《てん》で□《かわ》の水《みず》がふえた。

□《かわ》あそびで□《かわ》下《くだ》りをした。

□《あま》の□《がわ》がきれいに見《み》える。

がつ　にち

てん／10てん

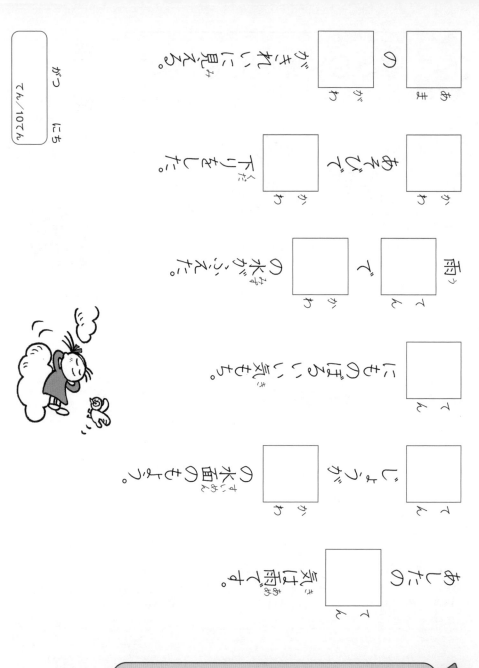

9 お正《しょう》月《がつ》はもうすぐだ。

正　セイ　ショウ　ただしい　まさ

月　ゲツ　ガツ　つき

□《ただ》しい答《こた》えを書《か》いた人《ひと》。

□《つき》日《ひ》を□《せい》かくに書《か》く。

きのうのゆめは□《まさ》ゆめだった。

一《いち》□《がつ》二日《ふつか》もまだお□《しょう》□《がつ》。

きれいな□《つき》が出《で》ているよ。

お□《しょう》□《がつ》はもうすぐだ。

がつ　にち

てん／10てん

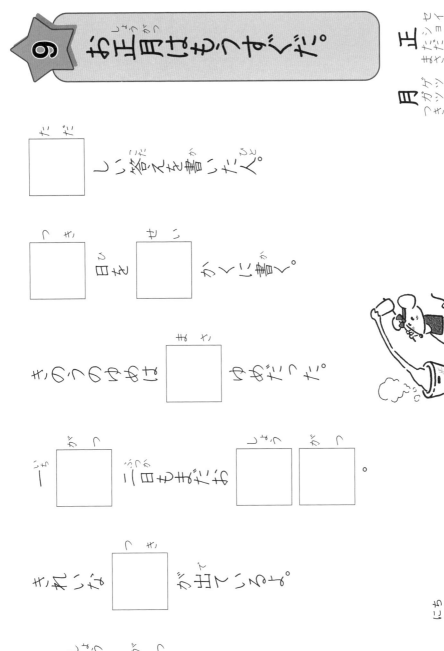

10 日曜日《にちようび》は休《やす》みです。

日 ニチ　ジツ　ひ　か

休 キュウ　やすむ

月曜日《げつようび》も□《きゅう》□《じつ》になった。

毎《まい》□《にち》学校《がっこう》に行《い》く。

三《みっ》□《か》もつづけて雨《あめ》がふる。

ノートに□《ひ》づけを書《か》く。

昼《ひる》□《やす》みに木《こ》かげで□《やす》んだ。

□《に》曜《よう》□《び》は□《やす》みです。

がつ　にち　てん／10てん

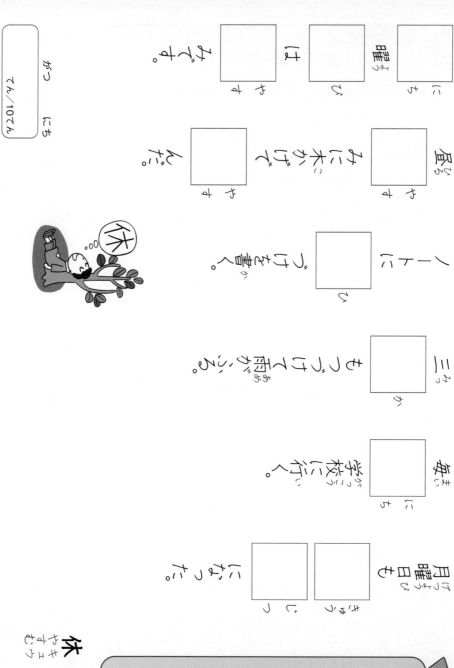

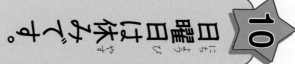

11 学校《がっこう》にうさぎがいる。

学　ガク　まなぶ

校　コウ

□《がっ》□《こう》は楽《たの》しいね。

おにいさんは中《ちゅう》□《がく》生《せい》。

□《がっ》□《こう》で字《じ》を□《まな》ぶ。

□《こう》門《もん》であいさつします。

大《だい》□《がく》生《せい》はべん強《きょう》する。

□《がっ》□《こう》にうさぎがいる。

がつ　にち

てん／10てん

おうちの方へ　「学校」や「先生」はぜひ書けるようになって欲しいですね。「生」は読み方がたくさんありますが、ここでは一部です。

12 ぞうの耳《みみ》は大《おお》きいね。

耳　みみ

大　ダイ　タイ　おお　おおきい　おおいに

1. □《みみ》の長《なが》いうさぎが□《だい》すき。
2. □《みみ》をすましてごらん。
3. □《おお》ぜいの□《だい》学生《がくせい》がいる。
4. □《おお》きな木《き》の下《した》で□《だい》の字《じ》になる。
5. 「□《たい》へんよろしい」のはんこ。
6. ぞうの□《みみ》は□《おお》きいね。

がつ　にち

てん／10てん

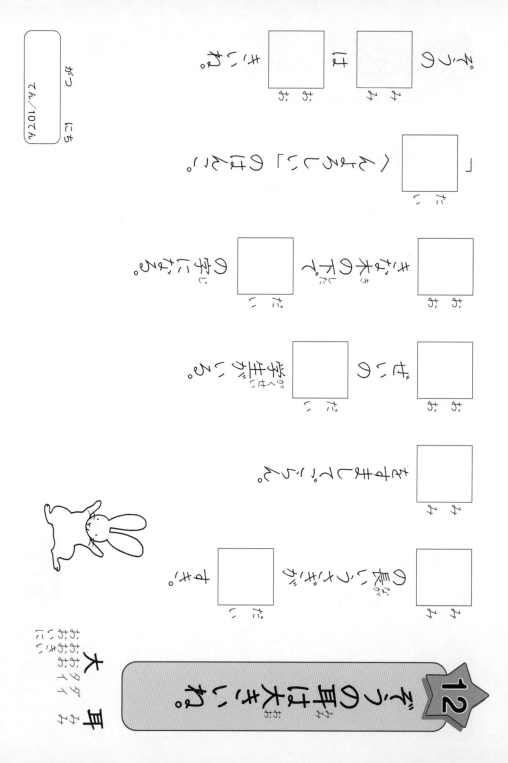

13 先生《せんせい》がいらっしゃった。

一年《いちねん》□《せい》が□《さき》に帰《かえ》ります。

□《せん》□《せい》が□《せん》頭《とう》です。

うさぎが五羽《ごわ》□《う》まれた。

たん□《じょう》日《び》はうれしい。

□《なま》たまごを食《た》べました。

□《せん》□《せい》がいらっしゃった。

先
セン
さき

生
セイ
ショウ
いきる
いかす
うまれる
はえる
なま

がつ　にち

てん／10てん

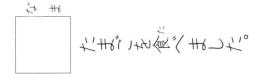

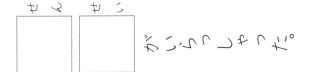

14 村《むら》の田《た》んぼで米《こめ》がとれた。

村　ソン　むら

田　デン　た

となり□《むら》におじさんがいる。

□《むら》はむかし□《た》んぼ中《ちゅう》心《しん》の生活《せいかつ》。

□《むら》には水《すい》□《でん》が広《ひろ》がっている。

□《むら》では五月《ごがつ》に□《た》うえをする。

□《た》の草《くさ》とりをする。

□《むら》の□《た》んぼで米《こめ》がとれた。

がつ　にち

てん／10てん

15 貝《かい》を水《みず》できれいにあらう。

貝　かい
水　スイ　みず

□《かい》がらでかざりを作《つく》る。

海《うみ》で□《かい》ほりをした。

□《すい》道《どう》の□《みず》をのむ。

□《すい》曜《よう》日《び》は□《すい》えいの日《ひ》です。

雨《あめ》がふり□《おお》□《みず》になった。

□《かい》を□《みず》できれいにあらう。

がつ　にち

てん／10てん

16 台《だい》の上《うえ》に四《よ》人《にん》上《あ》がる。

上
ジョウ
うえ
うわ
かみ
あげる
あがる
のぼる

四
シ
よ
よつ
よっつ
よん

川《かわ》□《かみ》から船《ふね》で下《くだ》る。

りょう手《て》を□《うえ》に□《あ》げる。

貝《かい》を□《よん》十《じゅう》□《よん》こ見《み》つけた。

いちごを□《よっ》つ食《た》べました。

□《うわ》ぎを□《し》角《かく》くたたんだ。

台《だい》の上《うえ》に□《よ》人《にん》□《あ》がる。

がつ　にち
てん／10てん

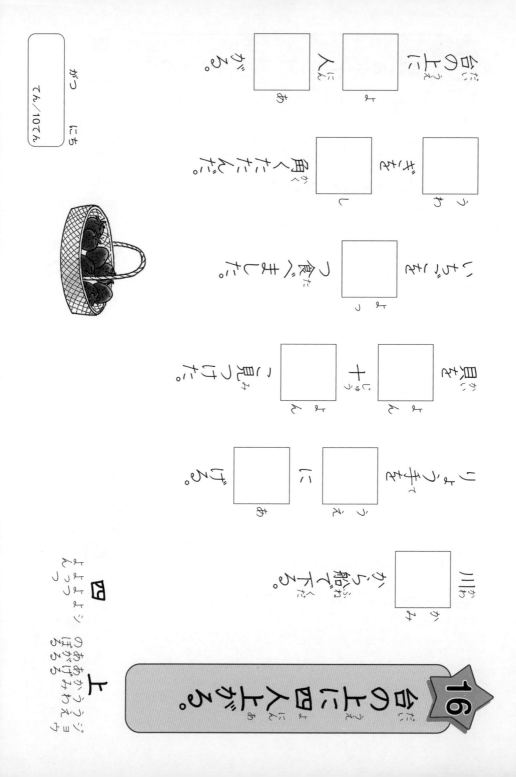

17 青《あお》い空《そら》に白《しろ》いくも。

青
セイ
あお
あおい

空
クウ
そら
あく
から

□《あお》しんごうでも気《き》をつける。

□《あお》□《ぞら》でいい気分《きぶん》。

□《せい》年《ねん》だんのおねえさん。

上《じょう》□《くう》を□《あお》い鳥《とり》がとぶ。

□《くう》中《ちゅう》に□《あ》きカンをなげた。

□《あお》い□《そら》に白《しろ》いくも。

がつ　にち

てん／10てん

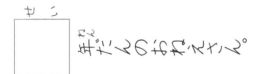

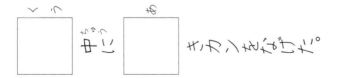

18 海《うみ》べで花火《はなび》をした。

花《はな》 カ はな
火《ひ》 カ ひ

□《か》びんに□《はな》を生《い》ける。

□《か》だんに青《あお》い□《はな》がさいた。

□《か》曜日《ようび》に花見《はなみ》をした。

しょう火《か》せんの水《みず》で□《か》じをけす。

子《こ》どものたき□《び》はだめです。

海《うみ》べで□《はな》□《び》をした。

がつ　　にち

てん／10てん

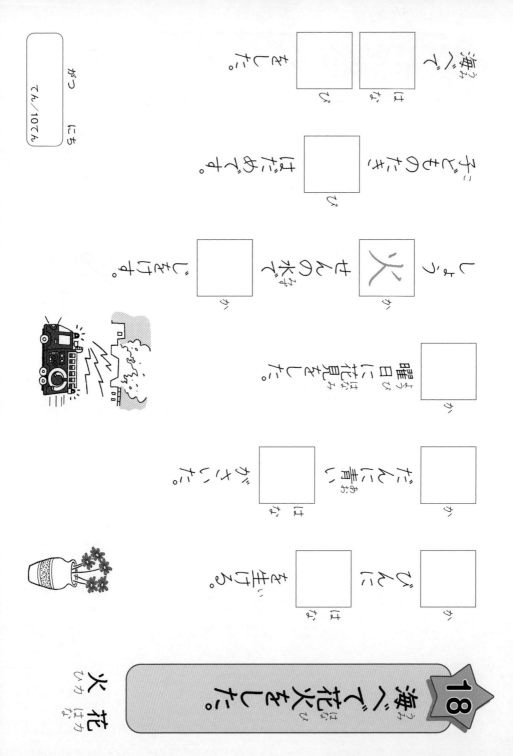

19 十《じゅう》七《しち》台《だい》のバスがある。

十　ジュウ　ジッ　とお　と

七　シチ　なな　なな(つ)　なの

＊七夕《たなばた》

すききらいは□《じゅう》人《にん》□《と》色《いろ》。

四月《しがつ》□《とお》日《か》に山《やま》にのぼる。

犬《いぬ》が□《じっ》ぴきいます。

□《しち》月《がつ》□《なの》日《か》は□《たなばた》夕です。

□《なな》色《いろ》のにじがかかる。

□《じゅう》□《しち》台《だい》のバスがある。

がつ　にち

てん／10てん

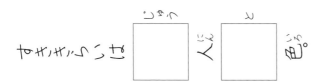

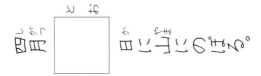

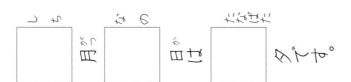

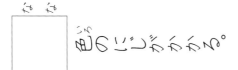

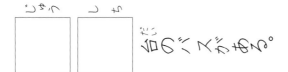

20 夕《ゆう》日《ひ》が空《そら》を赤《あか》くそめた。

夕 ゆう

赤 セキ あか あかい

1. □《ゆう》やけのせいで、顔《かお》が□《あか》い。
2. □《ゆう》ごはんはお□《せき》はん。
3. □《あか》い□《ゆう》日《ひ》がしずむ。
4. もうすぐ□《ゆう》方《がた》だ。
5. 白組《しろぐみ》も□《あか》組《ぐみ》もがんばります。
6. □《ゆう》日《ひ》が空《そら》を□《あか》くそめた。

がつ　にち

てん／10てん

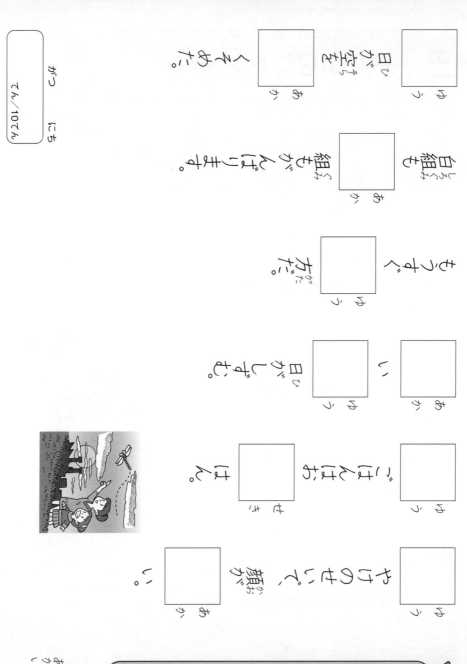

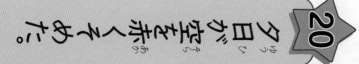

21 車《くるま》は左《ひだり》、人《ひと》は右《みぎ》。

左《ひだり》 サ
右《みぎ》 ユウ

□《みぎ》手《て》と□《ひだり》手《て》を合《あ》わせる。

□《ひだり》手《て》でなげて、□《みぎ》で打《う》つ。

□《さ》□《ゆう》をよく見《み》てわたろう。

つぎの十字《じゅうじ》ろを□《う》せつする。

□《ひだり》ハンドルの車《くるま》もあるよ。

車《くるま》は□《ひだり》、人《ひと》は□《みぎ》。

がつ　にち
てん／10てん

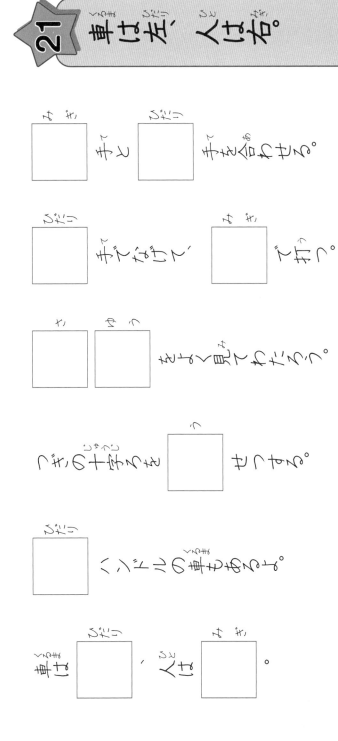

22 円《えん》をかいて石《いし》をおく。

円　エン　まるい
石　セキ　シャク　いし

□《まる》いじ□《しゃく》であそびます。

□《まる》いまどがあるビル。

五《ご》□《えん》玉《だま》の□《まる》いあな。

きれいな小《こ》□《いし》をひろった。

ほう□《せき》のように光《ひか》る□《いし》。

□《えん》をかいて□《いし》をおく。

がつ　にち

てん／10てん

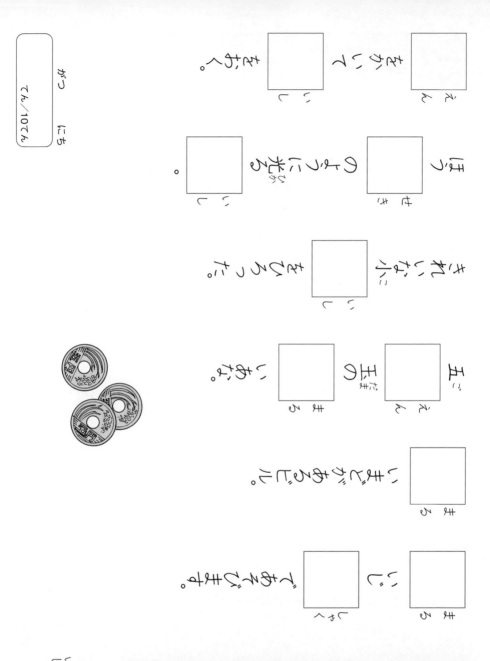

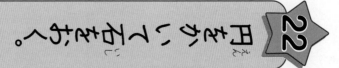

23 王《おう》さまの大《たい》切《せつ》なほう玉《ぎょく》。

王 オウ
玉 ギョク たま

1. □《おう》子《じ》さまはけん□《だま》が上手《じょうず》。
2. □《おう》女《じょ》さまはかわいいね。
3. 水《みず》□《たま》もようのふく。
4. 女《じょ》□《おう》さまのしゅ□《ぎょく》のかざり。
5. かん字《じ》□《おう》の□《たま》田《だ》さん。
6. □《おう》さまの大《たい》切《せつ》なほう□《ぎょく》。

がつ　にち

てん／10てん

おうちの方へ　「王」は「おう」と書いて「オー」と読みます。「大きい」は「おおきい」と書いて「オーキー」と読みます。書き方に注意。

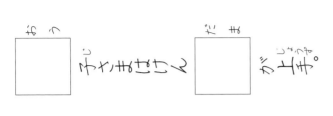

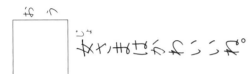

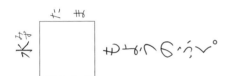

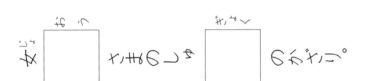

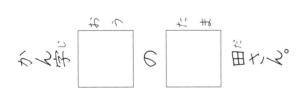

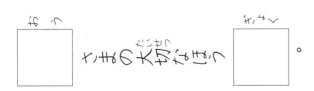

24 一《いち》年《ねん》生《せい》の音《おん》楽《がく》は楽《たの》しい。

年 ネン とし

音 オン おと ね

□《とし》こしのじょやのかねの□《おと》。

二《に》□《ねん》生《せい》は□《とし》上《うえ》の人《ひと》。

五十《ごじゅう》□《おん》をおぼえたよ。

高学《こうがく》□《ねん》は足《あし》□《おと》を立《た》てないで歩《ある》く。

きれいなふえの□《ね》だね。

一《いち》□《ねん》生《せい》の□《おん》楽《がく》は楽《たの》しい。

がつ　にち

てん／10てん

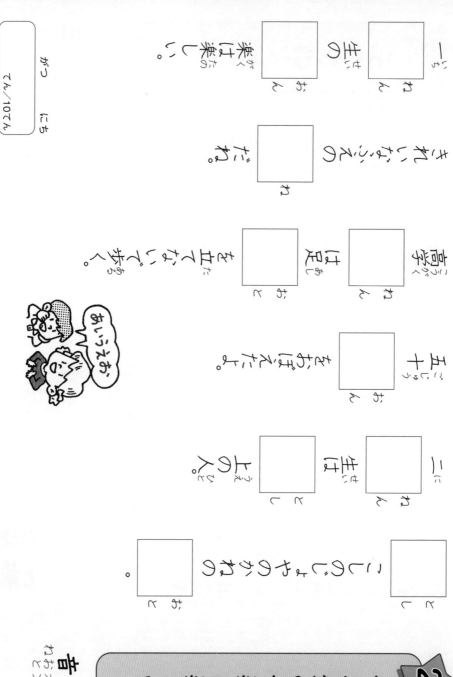

25 車《くるま》にのって気《き》分《ぶん》がいい。

車《シャ・くるま》　気《キ・ケ》

水《みず》□《け》に□《き》をつける。

□《くるま》のガスで空《くう》□《き》がよごれる。

一年生《いちねんせい》は、やる□《き》がいっぱい。

□《しゃ》体《たい》が赤《あか》いしょうぼう□《しゃ》。

自《じ》てん□《しゃ》にのりたいな。

□《くるま》にのって□《き》分《ぶん》がいい。

がつ　にち

てん／10てん

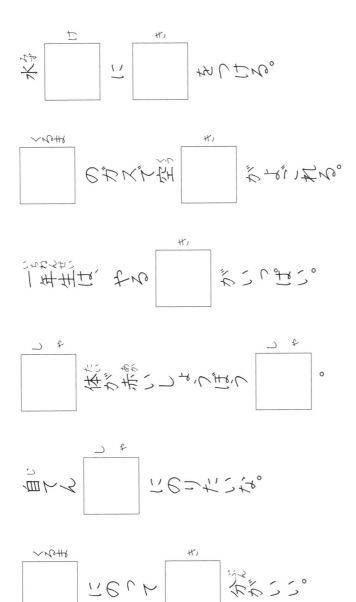

26 口《くち》は、はなの下《した》にある。

口
コウ　ク　くち

下
カ　ゲ　した　しも　さげる　くだる　おろす

早《はや》□《くち》で言《い》うとわからない。

みんなが□《く》□《ぐち》に話《はな》す。

にもつを□《お》ろす。

□《か》きゅう生《せい》は二時《にじ》に□《げ》校《こう》する。

川《かわ》□《しも》は□《か》りゅうの方《ほう》のこと。

□《くち》は、はなの□《した》にある。

がつ　にち

てん／10てん

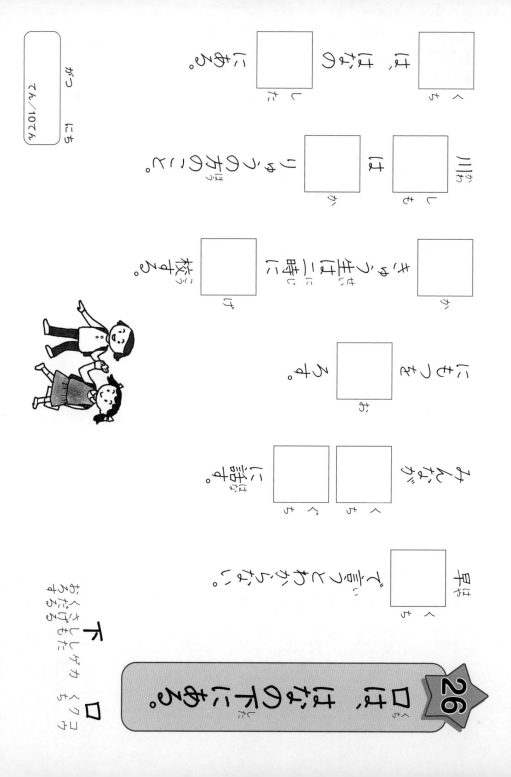

27 九人《きゅうにん》の男《おとこ》の子《こ》。

九 キュウ　ク　ここの　ここのつ

男 ダン　ナン　おとこ

□《く》月《がつ》□《ここの》日《か》はキクのせっく。

□《だん》子《し》の玉入《たまい》れは□《ここの》つ。

大《おお》□《おとこ》は力《ちから》もち。

ぼくは□《きゅう》□《なん》です。

□《おとこ》の人《ひと》にしかられた。

□《きゅう》人《にん》の□《おとこ》の子《こ》。

がつ　にち

てん／10てん

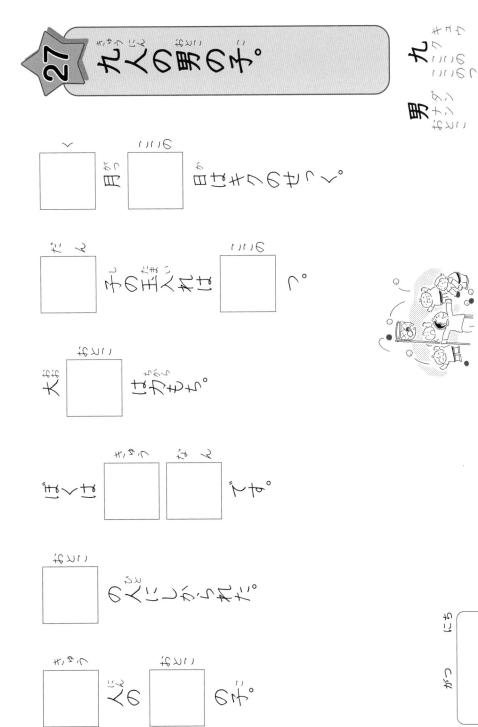

28 金《きん》曜《よう》日《び》に草《くさ》ぬきをする。

金 キン コン かね か

草 ソウ くさ

□《くさ》かりをして、お□《かね》をもらった。

□《きん》色《いろ》にかがやく朝《あさ》の光《ひかり》。

□《かな》づちで□《かな》あみをたたいた。

□《きん》ぞくのカマで□《くさ》をかる。

また□《くさ》が生《は》えてきた。

□《きん》曜《よう》日《び》に□《くさ》ぬきをする。

がつ　にち

てん／10てん

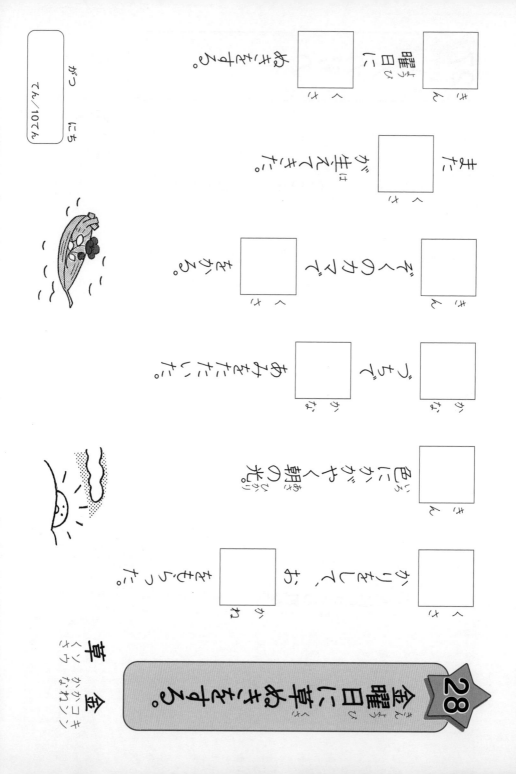

29 五《いつ》つの玉《たま》を糸《いと》でつないだ。

五　ゴ　いつ　いつつ

糸　シ　いと

空《から》っぽのはこが□《ご》こある。

□《ご》月《がつ》□《いつ》日《か》はこどもの日《ひ》。

□《いと》でボタンを□《ご》こぬいつけた。

せい□《し》工場《こうじょう》で□《いと》を作《つく》る。

クモの□《いと》に水玉《みずたま》が光《ひか》る。

□《いつ》つの玉《たま》を□《いと》でつないだ。

がつ　にち

てん／10てん

30 三《みっ》つのあめを口《くち》へ入《い》れた。

三　サン　み　みっ　みつ

入　ニュウ　いる　いれる　はいる

□《さん》人《にん》であそんだよ。

□《みっ》日間《かかん》で□《さん》人《にん》が休《やす》んだ。

みそしるに□《み》つばが□《はい》っている。

公園《こうえん》の□《い》り口《ぐち》でまち合《あ》わせ。

□《にゅう》場門《じょうもん》から□《はい》ります。

□《みっ》つのあめを口《くち》へ□《い》れた。

がつ　にち

てん／10てん

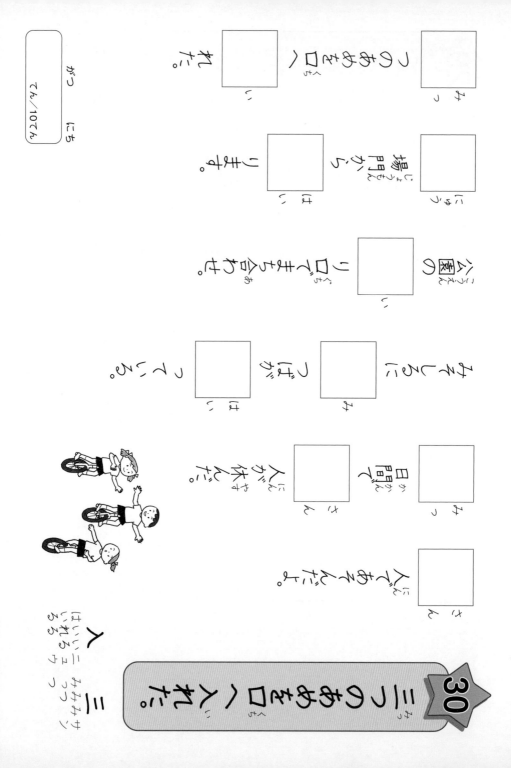

31 男《おとこ》の子《こ》が土《つち》あそび。

土　つ　ト　ド　ち

子　コ　ス　シ

四《よ》つ□《ご》の□《こ》ネコが生《う》まれた。

カラスの七《なな》つの□《こ》。

こちらのよう□《す》を知《し》らせる。

□《ど》曜《よう》日《び》に□《ど》手《て》であそんだ。

うらの□《と》地《ち》は□《ど》木《ぼく》工《こう》じ中《ちゅう》。

男《おとこ》の□《こ》が□《つち》あそび。

がつ　　にち

てん／10てん

おうちの方へ

「土」は言葉の初めにあっても、「ト」（土地）、「ド」（土木）の読み方があります。「子」は言葉の初めでは「コ」です。

32 ていねいな字《じ》の手紙《てがみ》。

字《ジ》

手《シュ テ》

がつ　にち

てん／10てん

右《みぎ》□《て》でかん□《じ》をかく。

□《じ》や文《ぶん》を読《よ》む。

お□《て》本《ほん》の□《じ》を見《み》て書《か》く。

野《や》きゅうのせん□《しゅ》になりたい。

タクシーのうんてん□《しゅ》さんの□《て》。

ていねいな□《じ》の□《て》紙《がみ》。

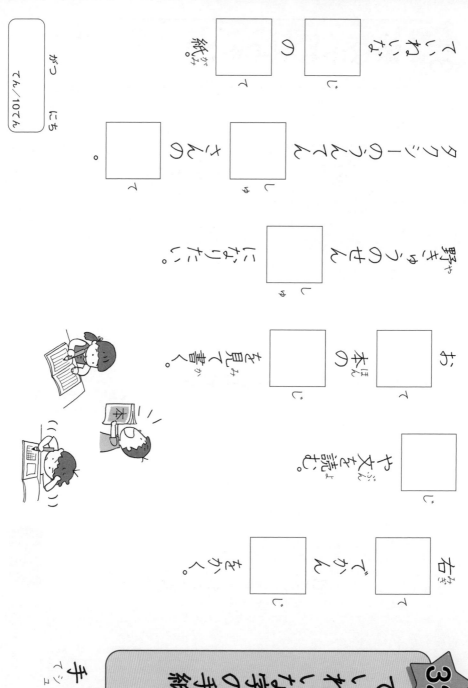

33 作《さく》文《ぶん》に名《な》前《まえ》を書《か》く。

文　ブン　モン
名　メイ　ミョウ　な

せつ明《めい》□《ぶん》をたくさん読《よ》む。

ゆう□《めい》な天《てん》□《もん》台《だい》を見《けん》学《がく》した。

□《な》ふだに□《な》前《まえ》を書《か》く。

あの人《ひと》はゆう□《めい》なつり□《めい》人《じん》。

あなたの□《みょう》字《じ》を教《おし》えてね。

作《さく》□《ぶん》に□《な》前《まえ》を書《か》く。

がつ　　にち

てん／10てん

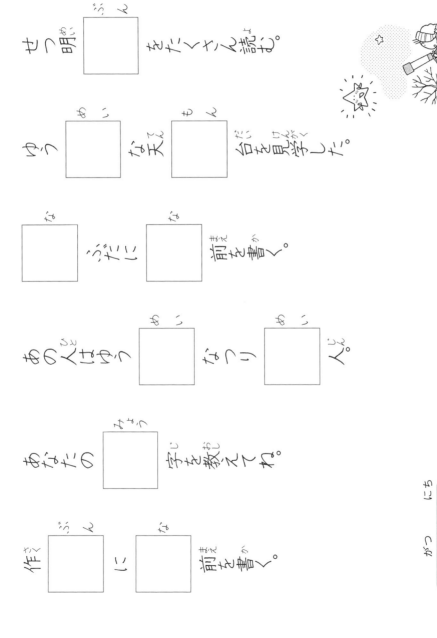

34 元《げん》気《き》がなくて力《ちから》が出《で》ない。

力　リョク　リキ　ちから

出　シュツ　でる　だす

□《ちから》もちが□《ちから》を□《だ》した。

きみが来《く》れば千人《せんにん》□《りき》。

ダムの近《ちか》くで水《すい》□《りょく》はつ電《でん》。

ヒマワリが□《ちから》いっぱいめを□《だ》した。

野《や》きゅうのし合《あい》に□《しゅつ》場《じょう》する。

元《げん》気《き》がなくて□《ちから》が□《で》ない。

がつ　にち

てん／10てん

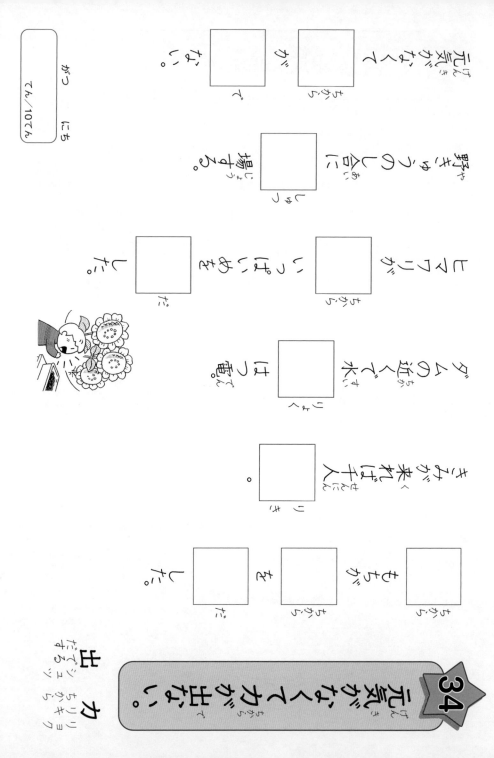

35 六年生《ろくねんせい》の女《おんな》の人《ひと》。

六　ロク　む　むっ　むっつ　むい

女　ジョ　おんな

□《ろく》月《がつ》□《むい》日《か》に雨《あめ》がふる。

あれから□《む》月目《つきめ》です。

□《む》つ切《ぎ》りの画用紙《がようし》が□《ろく》まい。

日《ひ》がさをさした□《おんな》の人《ひと》。

□《ろく》十人《じゅうにん》の□《じょ》学生《がくせい》。

□《ろく》年生《ねんせい》の□《おんな》の人《ひと》。

がつ　にち

てん／10てん

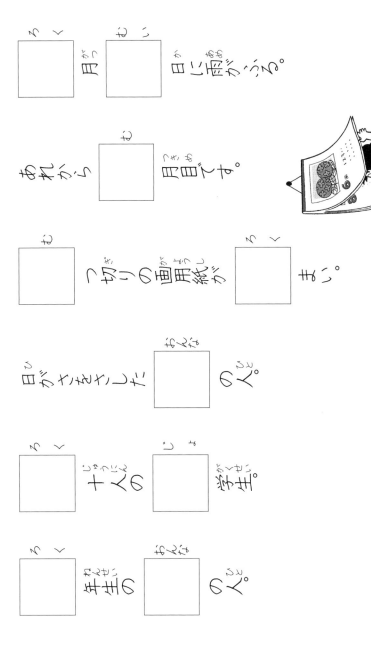

36 小《ちい》さな虫《むし》が千《せん》びきもいる。

小　ショウ　ちいさい　こ　お

千　セン　ち

□《お》川《がわ》を□《こ》魚《ざかな》がおよぐ。

□《ちい》さい子《こ》が□《せん》円《えん》もっている。

木《き》の上《うえ》で□《こ》鳥《とり》が鳴《な》く。

□《ち》よ紙《がみ》で□《せん》羽《ば》づるをおる。

にわの□《ち》草《ぐさ》も、虫《むし》の音《ね》も。

□《ちい》さな虫《むし》が□《せん》びきもいる。

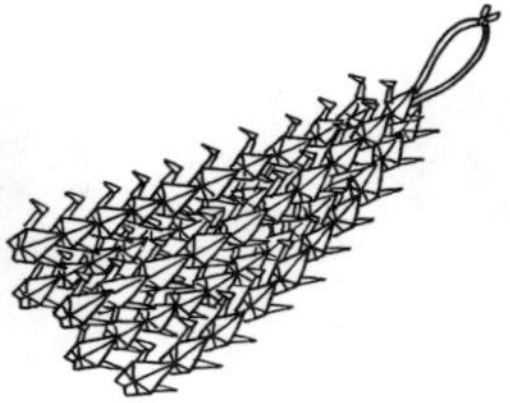

がつ　にち

てん／10てん

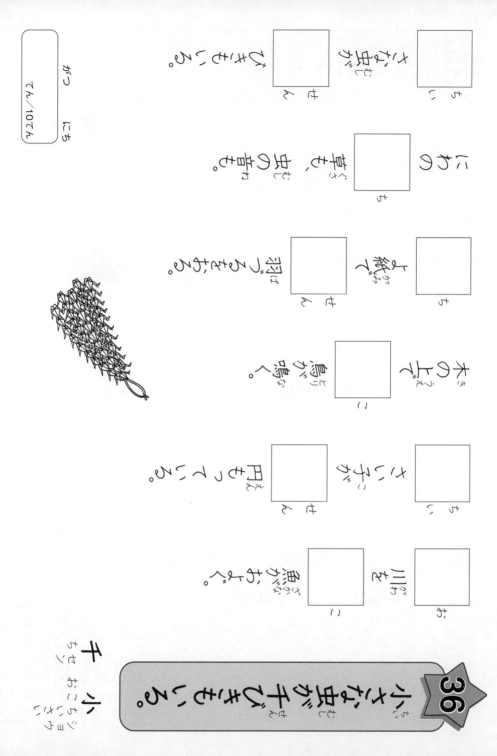

37 きょうは早《はや》く目《め》がさめた。

早 ソウ はやい はやまる はやめる

目 モク め

□《はや》ね□《はや》おきが□《もく》ひょうです。

じいちゃんは朝《あさ》□《はや》くさん歩《ぽ》する。

□《そう》朝《ちょう》の空気《くうき》は気《き》もちいい。

正月《しょうがつ》□《そう》□《そう》、えんぎがいい。

□《め》でしっかりと見《み》る。

きょうは□《はや》く□《め》がさめた。

がつ　にち

てん／10てん

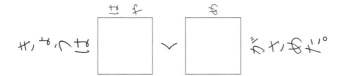

38 町《まち》の中《なか》の中学校《ちゅうがっこう》。

町　チョウ　まち

中　チュウ　ジュウ　なか

バスでとなり□《まち》に行《い》く。

□《まち》□《じゅう》の人《ひと》があつまる。

今《いま》はそうじ□《ちゅう》です。

□《ちょう》立《りつ》□《ちゅう》学校《がっこう》が二校《にこう》ある。

まん□《なか》にあなをあける。

□《まち》の□《なか》の□《ちゅう》学校《がっこう》。

がつ　にち

てん／10てん

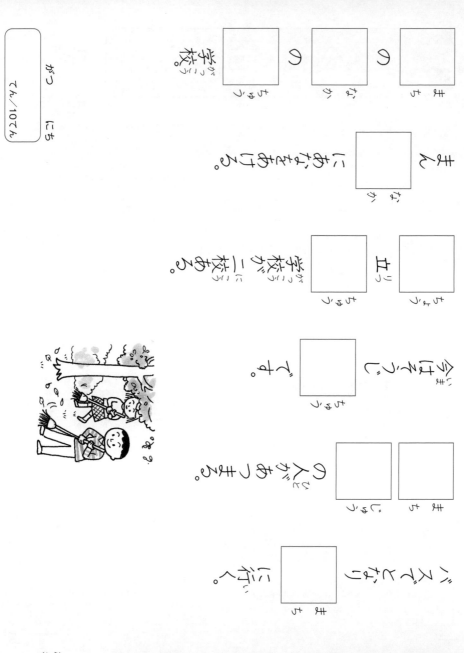

39 白《しろ》い花《はな》を見《み》つけた。

白
ハク
しろ
しろい
しら

見
ケン
みる
みえる
みせる

まっ□《しろ》な小石《こいし》を□《み》つけた。

空《そら》をとぶ□《はく》鳥《ちょう》を□《み》た。

本《ほん》をしっかり□《み》る。

山《やま》から町《まち》を□《み》下《お》ろした。

□《けん》学《がく》のよていが□《はく》紙《し》にもどった。

□《しろ》い花《はな》を□《み》つけた。

がつ　にち

てん／10てん

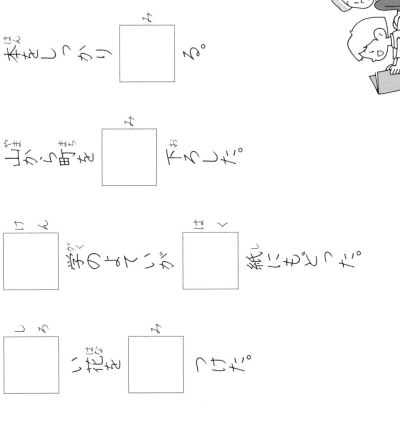

40 八《はち》月《がつ》八日《ようか》に夕立《ゆうだち》があった。

八　ハチ　や　やつ　やっつ　よう

立　リツ　たつ　たてる

□《や》えざくらを見《けん》ぶつした。

□《はち》本《ほん》のはしらを□《た》てた。

町《ちょう》□《りつ》小学校《しょうがっこう》へ通《かよ》います。

町角《まちかど》に□《た》っている人《ひと》。

ゆっくり□《た》って□《やっ》つ数《かぞ》えた。

□《はち》月《がつ》□《よう》日《か》に夕《ゆう》□《だち》があった。

がつ　にち

てん／10てん

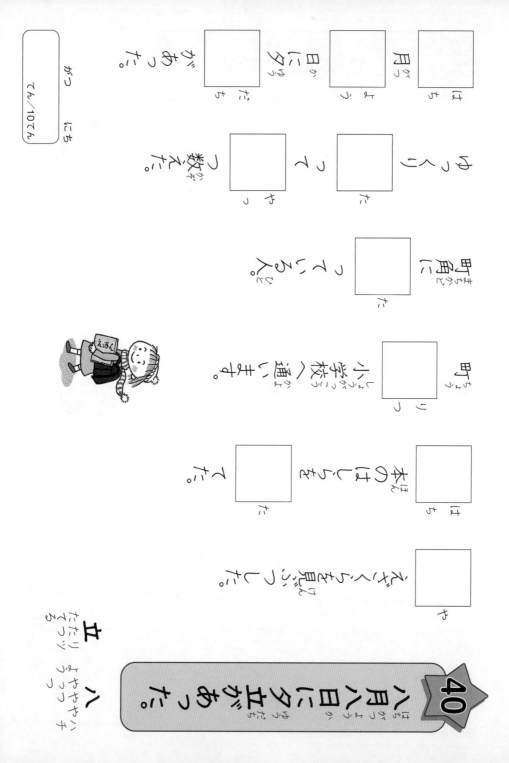

41 二人《ふたり》で一人前《いちにんまえ》のすし。

一　ひと　ひと（つ）　イチ　イツ

二　ふた　ふた（つ）　ニ　＊二人《ふたり》

もう□《ひと》つ□《ふた》つ食《た》べたいな。

もう□《いち》□《に》はい、のみますか。

あと□《ひと》月《つき》で□《に》年生《ねんせい》になる。

□《ふたり》人で力《ちから》を合《あ》わせる。

いなかに□《ふた》ばんとまります。

□《ふたり》人で□《いち》人前《にんまえ》のすし。

がつ　にち　てん／10てん

おうちの方へ　1年生は80字の漢字です。ここから2回目の練習です。いくつもの読み方がある字に慣れるよう何度も読ませましょう。

42 右《みぎ》から入《はい》ります。

右 ユウ みぎ

入 ニュウ いる いれる はいる

はこの中《なか》に□《い》れる。

場門《じょうもん》の□《みぎ》を通《とお》ります。

□《にゅう》

□《い》り口《ぐち》は□《みぎ》がわです。

ろう下《か》の□《みぎ》がわを歩《ある》く。

左《さ》□《ゆう》に分《わ》かれて□《にゅう》場《じょう》する。

□《みぎ》から□《はい》ります。

がつ　にち

てん／10てん

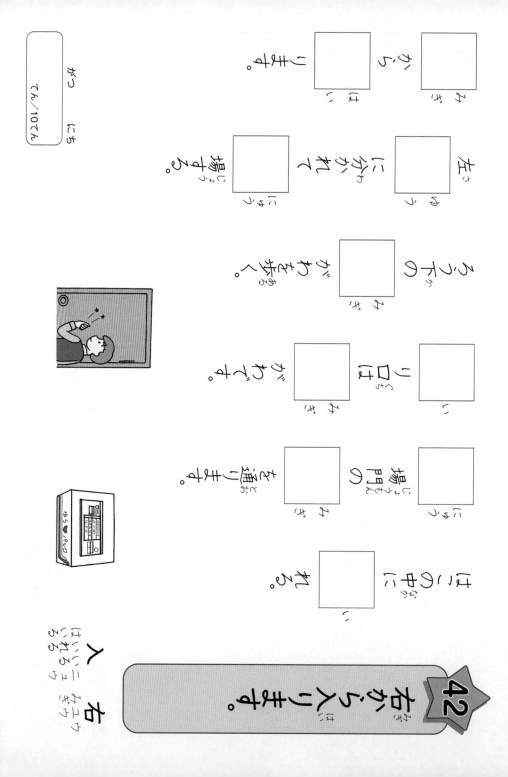

郵　便　は　が　き

料金受取人払郵便

大阪北局
承　認
246

差出有効期間
2024年5月31日まで
※切手を貼らずに
お出しください。

530-8790

156

大阪市北区曽根崎2－11－16
梅田セントラルビル

清風堂書店
愛読者係　行

愛読者カード　ご購入ありがとうございます。

フリガナ お名前		性別	男　・　女
		年齢	歳
TEL FAX	(　　)	ご職業	
ご住所	〒　　－		
E-mail	@		

ご記入いただいた個人情報は、当社の出版の参考にのみ活用させていただきます。
第三者には一切開示いたしません。

□学力がアップする教材満載のカタログ送付を希望します。

●ご購入書籍・プリント名

●ご購入店舗・サイト名等（　　　　　　　　　　　　　　　　　　　　　　　　　）

●ご購入の決め手は何ですか？（あてはまる数字に○をつけてください。）

1．表紙・タイトル　2．中身　3．価格　4．SNSやHP

5．知人の紹介　6．その他（　　　　　　　　　　　　　　　　　）

●本書の内容にはご満足いただけたでしょうか？（あてはまる数字に○をつけてください。）

たいへん満足　5　4　3　2　1　不満

●本書の良かったところや改善してほしいところを教えてください。

●ご意見・ご感想、本書の内容に関してのご質問、また今後欲しい商品のアイデアがありましたら下欄にご記入ください。

ご協力ありがとうございました。

★ご感想を小社HP等で匿名でご紹介させていただく場合もございます。　□可　□不可

★おハガキをいただいた方の中から抽選で10名様に2,000円分の図書カードをプレゼント！
当選の発表は、賞品の発送をもってかえさせていただきます。

43 出《で》入《い》り口《ぐち》がこんでいる。

出　シュツ　でる　だす

口　コウ　ク　くち

よけいな □《くち》□《だ》 しをする人《ひと》。

村《むら》の人《じん》 □《こう》 がへりました。

□《で》 前《まえ》のすしを □《くち》 に入《い》れる。

サッカーのし合《あい》に □《しゅつ》 場《じょう》します。

家《いえ》を □《で》 て、手《て》がみを □《だ》 しました。

□《で》 入《い》り □《ぐち》 がこんでいる。

がつ　　にち

てん／10てん

44 金《きん》曜《よう》日《び》から雨《あめ》がふる。

雨　ウ　あめ　あま

金　キン　コン　かね　かな

オリンピックの□《きん》メダル。

□《あめ》の中《なか》、□《こん》色《じき》どうを見学《けんがく》した。

□《かな》ものでできた□《きん》魚《ぎょ》のおきもの。

あすは□《う》天《てん》と天気《てんき》よほう。

□《あめ》上《あ》がりに□《あま》がさをほす。

□《きん》曜《よう》日《び》から□《あめ》がふる。

がつ　にち

てん／10てん

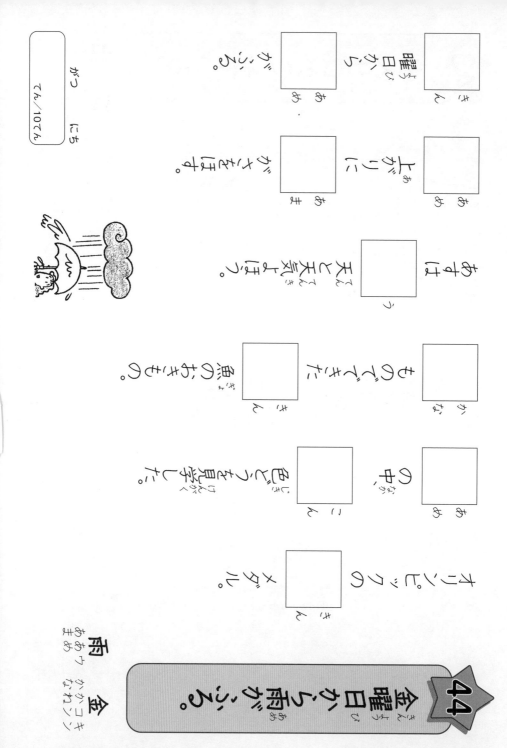

45 木《こ》かげは気《き》もちがいい。

木　こ　き　モク　ボク

気　ケ　キ

びょう□《き》がちなぼくは□《き》の下《した》で見学《けんがく》。

まつの□《き》の□《もく》目《め》がきれい。

大《たい》□《ぼく》のかげに人《ひと》の□《け》はい。

きょうも元《げん》□《き》です。

車《くるま》には気《き》をつけよう。

□《こ》かげは□《き》もちがいい。

がつ　にち

てん／10てん

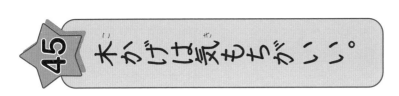

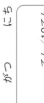

46 百円《ひゃくえん》をもって店《みせ》に行《い》く。

百　ヒャク
円　エン　まるい

□《ひゃく》□《えん》で買《か》える本《ほん》。

□《ひゃく》日間《にちかん》もつづけた読書《どくしょ》。

□《えん》ばんが空《そら》をとんでいる？

□《まる》い色紙《いろがみ》を□《ひゃく》□《えん》で買《か》った。

おなべの□《まる》いふたをとる。

□《ひゃく》□《えん》をもって店《みせ》に行《い》く。

がつ　にち

てん／10てん

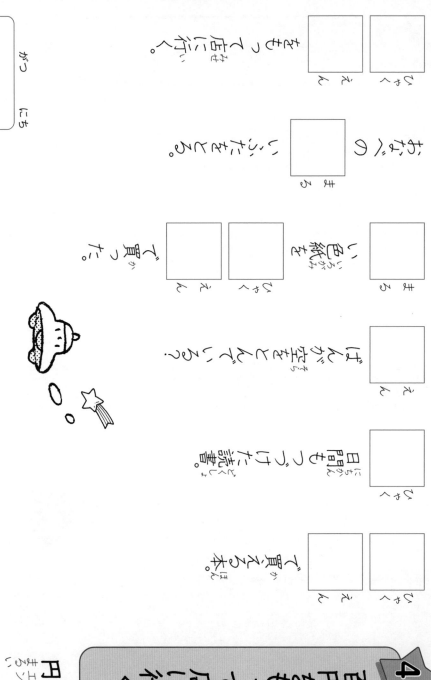

47 王《おう》さまと九《きゅう》ひきのリュウ。

王 オウ

九 キュウ ク ここの ここのつ

1. □《おう》さまと□《ここの》つのおしろ。
2. □《ここの》日《か》は□《おう》子《じ》さまのたん生日《じょうび》。
3. □《く》月《がつ》から二学《にがっ》きです。
4. □《おう》子《じ》さまは□《く》時《じ》にねます。
5. 小《ちい》さなあめを□《きゅう》こ食《た》べた。
6. □《おう》さまと□《きゅう》ひきのリュウ。

がつ　にち

てん／10てん

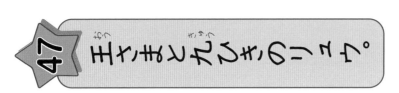

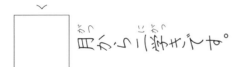

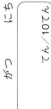

48 石《いし》をたたいて音《おと》を出《だ》す。

石 セキ シャク いし

音 オン おと ね

王《おう》さまのかんむりのほう□《せき》。

じ□《しゃく》は□《いし》にくっつかない。

□《せっ》き時《じ》だいの□《おん》楽《がく》。

ふえのうつくしい□《ね》色《いろ》。

□《いし》のとびらがひらく□《おと》。

□《いし》をたたいて□《おと》を出《だ》す。

がつ　にち

てん／10てん

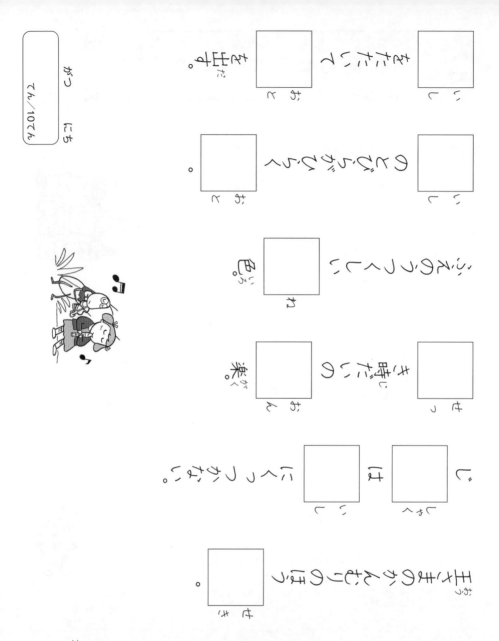

49 エレベーターが上下《じょうげ》する。

上
ジョウ
うえ
うわ
かみ
あげる
あがる
のぼる

下
カ
ゲ
した
しも
さげる
くだる
おろす

手《て》を□《あ》げたり□《さ》げたりする。

さか道《みち》を□《のぼ》ったり□《くだ》ったり。

川《かわ》□《かみ》から川《かわ》□《しも》へ行《い》く。

つくえの□《うえ》にノートを出《だ》す。

ノートに□《した》じきを入《い》れる。

エレベーターが□《じょう》□《げ》する。

がつ　にち

てん／10てん

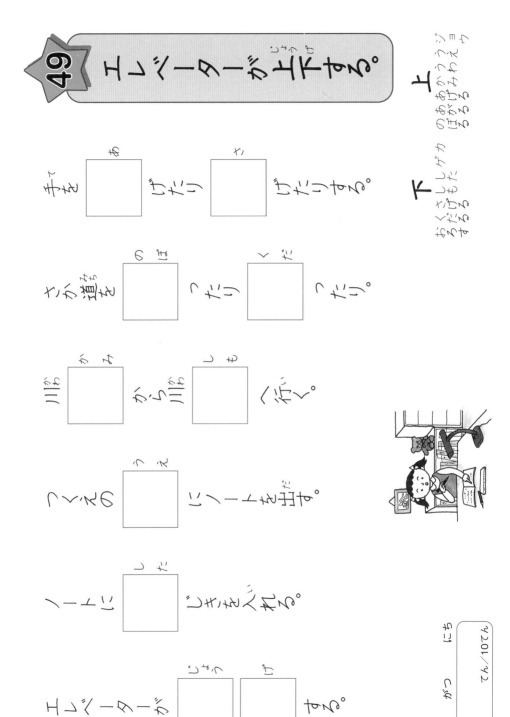

50 火《か》曜《よう》日《び》はさんかん日《び》です。

日　かひジニ　ツチ
火　ひカ

バーベキューの□《ひ》をおこす。

花《はな》□《び》のもようの日《ひ》がさ。

五《いつ》□《か》に□《か》じがあった。

□《にっ》中《ちゅう》は楽《たの》しくあそんだ。

休《きゅう》□《じつ》におばあちゃんが来《く》る。

□《か》曜《よう》□《び》はさんかん□《び》です。

がつ　にち
てん／10てん

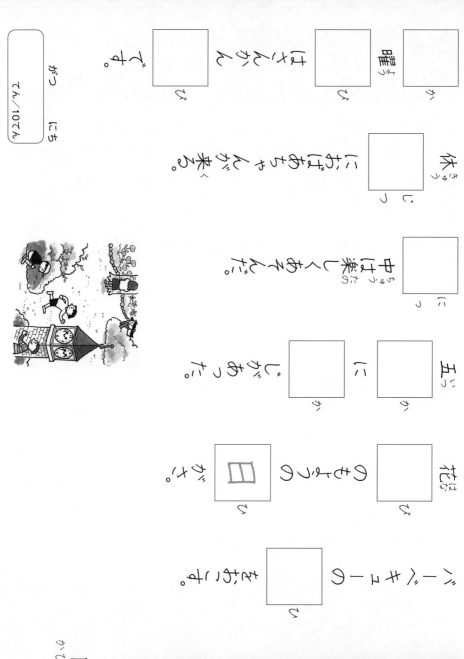

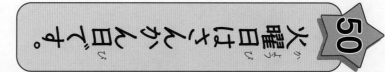

51 花《はな》の中《なか》のみつをすう。

花　カ　はな

中　チュウ　ジュウ　なか

□《はな》やさんでモモの□《はな》を買《か》う。

□《か》びんの□《なか》の水《みず》をかえる。

サクラの□《はな》びらをあつめた。

へやの□《なか》をそうじした。

かい□《ちゅう》電《でん》とうの□《なか》は電池《でんち》。

□《はな》の□《なか》のみつをすう。

がつ　にち

てん／10てん

おうちの方へ　1年生の教科書では扱わない読み方（玉＝ギョク）も載せています。漢字がわからないときは、右下の字を見させてください。

52 小《ちい》さな貝《かい》をひろった。

小　ショウ　ちいさい　こ　お

貝　かい

1. □《しょう》学生《がくせい》が□《かい》ひろい。
2. うちで□《こ》鳥《とり》をかっている。
3. □《お》川《がわ》にも□《かい》がいる。
4. □《こ》ぶりな□《かい》がらの耳《みみ》かざり。
5. まき□《がい》でふえを作《つく》る。
6. □《ちい》さな□《かい》をひろった。

がつ　にち

てん／10てん

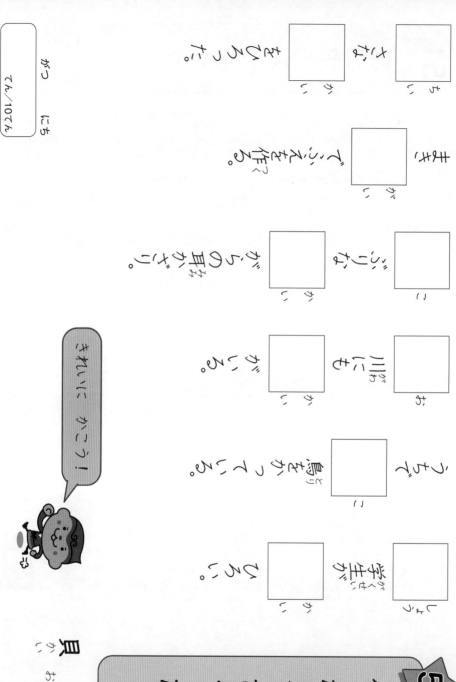

53 お店《みせ》に見学《けんがく》に行《い》く。

見　ケン　みる　みえる　みせる

学　ガク　まなぶ

けしきがはっきり□《み》える。

□《み》下《お》ろすと小《しょう》□《がっ》校《こう》がある。

おく上《じょう》から町《まち》を□《み》る。

□《がっ》校《こう》は□《まな》ぶところです。

□《がく》生《せい》は□《がく》しゅうする人《ひと》のこと。

お店《みせ》に□《けん》□《がく》に行《い》く。

がつ　にち

てん／10てん

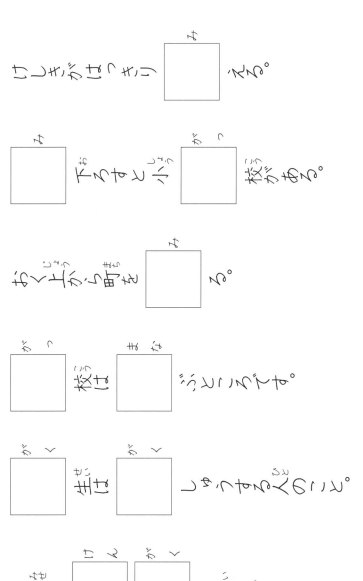

54 学《がっ》校《こう》の休《やす》みはよくあそぶ。

校 コウ

休 キュウ やすむ

□《こう》門《もん》で□《こう》長《ちょう》先《せん》生《せい》とごあいさつ。

□《こう》しゃは三《さん》かいだてです。

大雨《おおあめ》で□《きゅう》□《こう》になりました。

昼《ひる》□《やす》みは□《こう》ていであそびます。

けがをして力《りき》しが□《きゅう》場《じょう》した。

学《がっ》□《こう》の□《やす》みはよくあそぶ。

がつ　にち

てん／10てん

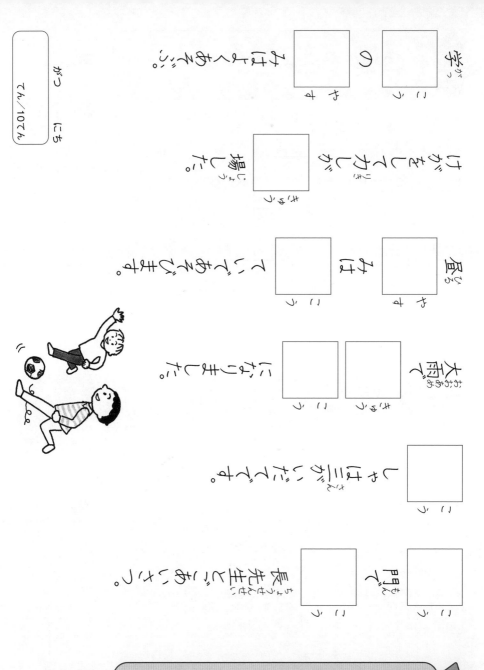

55 女《おんな》の子《こ》だけの玉《たま》入《い》れ。

女　ジョ　おんな
玉　ギョク　たま

□《じょ》王《おう》さまのほう□《ぎょく》の入《い》れもの。

王《おう》□《じょ》さまはシャボン□《だま》がすき。

目《め》□《だま》やきの上手《じょうず》な□《おんな》の子《こ》。

しゅ□《ぎょく》でできた耳《みみ》かざり。

おねえさんは□《じょ》学生《がくせい》。

□《おんな》の子《こ》だけの□《たま》入《い》れ。

がつ　にち

てん／10てん

56 大空《おおぞら》に花火《はなび》が上《あ》がる。

大
ダイ
タイ
おお
おおきい
おおいに

空
クウ
そら
あく
から

□《おお》きな円《えん》をかく。

□《くう》ふくで□《だい》の字《じ》になってねる。

あなたは□《たい》切《せつ》な人《ひと》。

晴《は》れた□《そら》、□《くう》気《き》がきれい。

□《から》っぽの□《おお》きなはこがある。

□《おお》□《ぞら》に花火《はなび》が上《あ》がる。

がつ　にち

てん／10てん

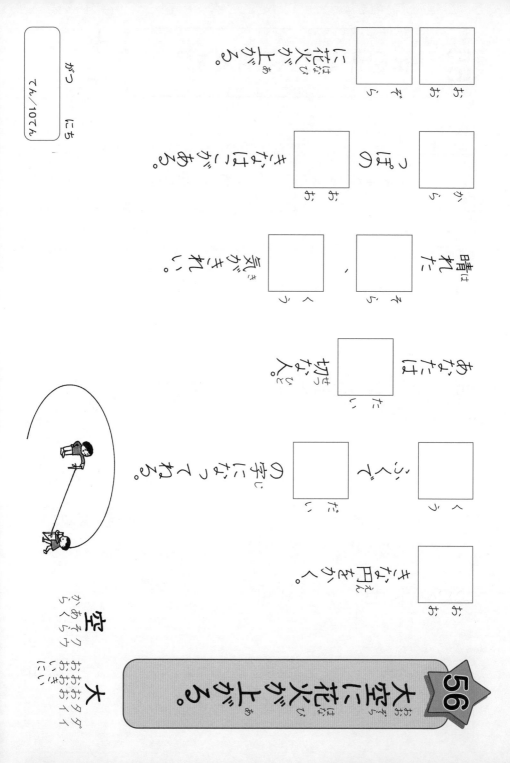

57 山《やま》の上《うえ》に月《つき》が見《み》える。

月　つき　ガツ　ゲツ
山　やま　サン

□《さん》みゃくを見《み》上《あ》げる。

すな場《ば》で□《やま》を作《つく》った。

一《いち》□《がつ》一日《ついたち》のお正《しょう》□《がつ》はふじ□《さん》へ。

□《つき》見《み》だん子《ご》を食《た》べました。

□《げつ》曜《よう》日《び》にうら□《やま》に行《い》った。

□《やま》の上《うえ》に□《つき》が見《み》える。

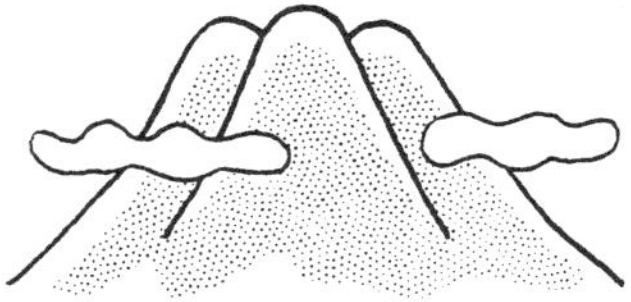

がつ　にち

てん／10てん

58 犬《いぬ》が足《あし》で土《つち》をほる。

犬　ケン　いぬ

足　ソク　あし　たりる

もうどう□《けん》は人《ひと》をたすける。

名《めい》□《けん》をそだてたあい□《けん》家《か》。

大《おお》きな□《いぬ》の細《ほそ》い□《あし》。

あしたは遠《えん》□《そく》うれしいな。

五《ご》□《そく》でも□《た》りない。

□《いぬ》が□《あし》で土《つち》をほる。

がつ　にち

てん／10てん

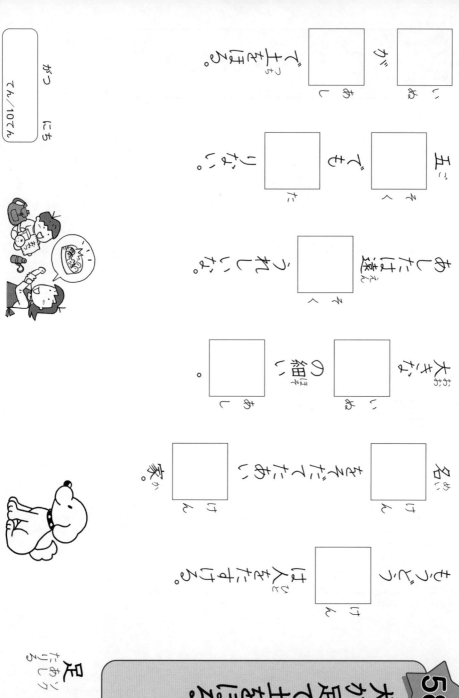

59 竹《たけ》馬《うま》で五《ご》歩《ほ》すすめた。

五　ゴ　いつ　いつつ

竹　チク　たけ

えんぴつを□《ご》本《ほん》けずった。

あめを□《いつ》つ買《か》った。

□《ご》月《がつ》□《いつ》日《か》のこいのぼり。

□《ご》ちょう目《め》の家《いえ》のうらは□《ちく》林《りん》です。

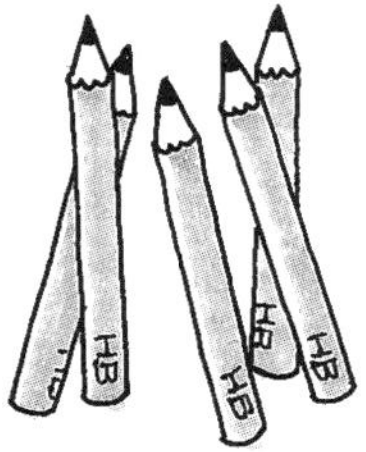

□《たけ》かごにみかんを□《ご》こ入《い》れた。

□《たけ》馬《うま》で□《ご》歩《ほ》すすめた。

がつ　にち

てん／10てん

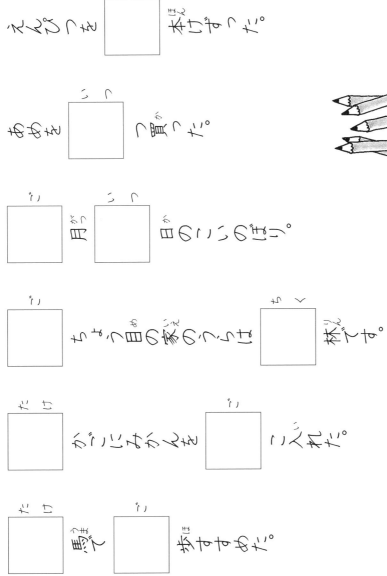

60 左《ひだり》手《て》でボールをなげる。

左《サ・ひだり》　手《シュ・て》

□《ひだり》□《て》でなげる　□《ひだり》ききの人《ひと》。

つぎの角《かど》を□《さ》せつする。

車《くるま》は□《ひだり》がわを通《とお》ります。

□《て》つなぎおにであそんだ。

□《さ》右《ゆう》の人《ひと》とあく□《しゅ》する。

□《ひだり》□《て》でボールをなげる。

がつ　にち

てん／10てん

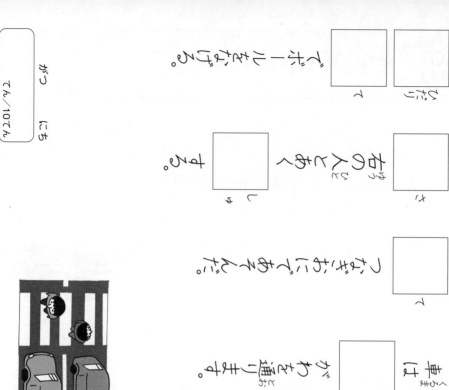

61 三本《さんぼん》の糸《いと》をあんだ。

三 サン　み　みっ(つ)　みっつ

糸 シ　いと

□《さん》月《がつ》□《みっ》日《か》はひなまつり。

□《いと》のようにほそい□《み》日《か》月《づき》。

りんごを□《みっ》つもらいました。

□《さん》本《ぼん》のつり□《いと》がからまった。

めん□《し》は細《ほそ》くてじょうぶ。

□《さん》本《ぼん》の□《いと》をあんだ。

がつ　　にち

てん／10てん

おうちの方へ

三日月（p.61）やp.70の六日（むいか）、六月（むつき）は使い慣れないと読みにくいです。「生」の読み分けにも注意です。

62 子《こ》リスを森《もり》で見《み》た。

森　もり　シン
子　こ　ス　シ

男《だん》□《し》より女《じょ》□《し》が多《おお》い。

□《もり》のよう□《す》を知《し》らせる。

大《だい》□《しん》林《りん》が少《すく》なくなる。

□《こ》どもと□《もり》の小道《こみち》を歩《ある》く。

大《おお》きな□《もり》の大《おお》きな木《き》。

□《こ》リスを□《もり》で見《み》た。

がつ　にち
てん／10てん

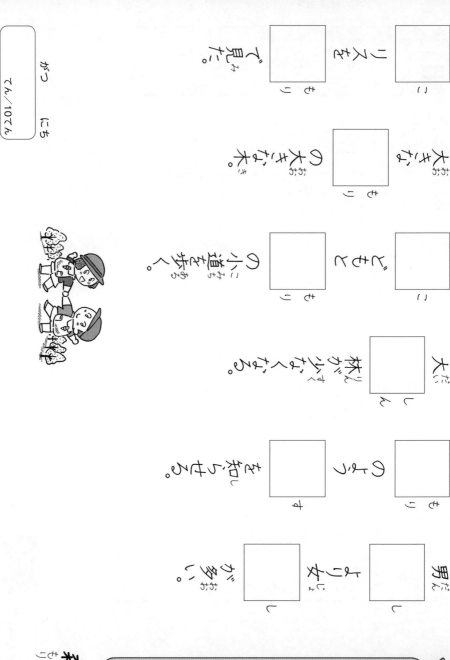

63 林《はやし》への道《みち》は四《よっ》つある。

林　リン　はやし

四　シ　よ　よっつ　よっつ　よん

休《やす》みが□《よっ》日《か》もつづきます。

□《よ》つ角《かど》をまがると□《はやし》があった。

本《ほん》を□《よん》十《じゅう》□《よん》さつ読《よ》んだ。

□《し》月《がつ》に森《しん》□《りん》公園《こうえん》に行《い》った。

みつ□《りん》の王者《おうじゃ》ゴリラ。

□《はやし》への道《みち》は□《よっ》つある。

もんだいを　しっかり
みよう。

がつ　　にち

てん／10てん

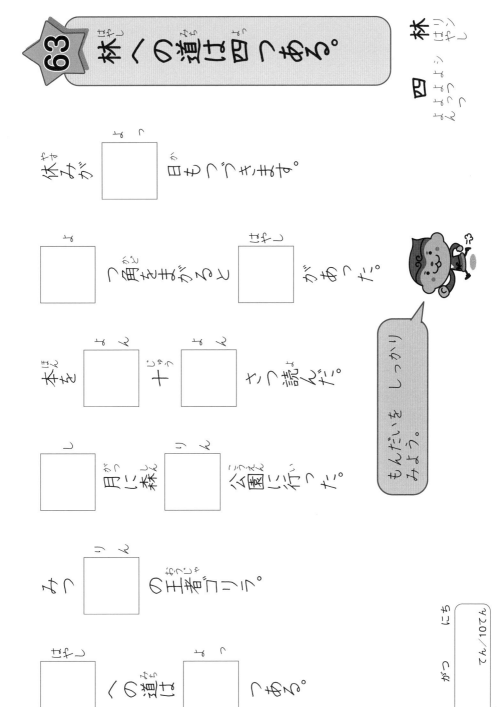

64 正《ただ》しい字《じ》をおぼえた。

正　セイ　ショウ　ただしい　まさ

字　ジ

1. □《じ》と□《じ》の間《あいだ》を空《あ》ける。
2. □《せい》門《もん》の□《じ》が読《よ》める。
3. □《しょう》めんにあるかん□《じ》のポスター。
4. □《まさ》にその通《とお》りです。
5. □《しょう》直《じき》は一生《いっしょう》のたから。
6. □《ただ》しい□《じ》をおぼえた。

がつ　にち

てん／10てん

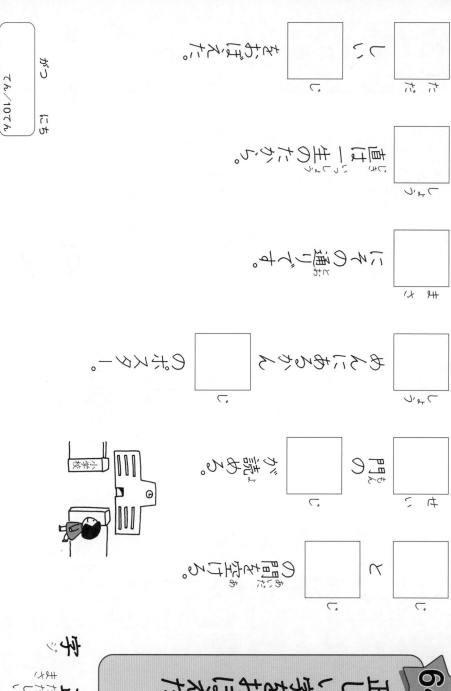

65 目《め》と耳《みみ》をけんさした。

目　めモク
耳　みみ

□《め》を見《み》はるうつくしさ。

□《め》ざましどけいで□《め》をさます。

□《もく》てきは□《みみ》のけんさ。

あれっ、空《そら》□《みみ》かな。

ゾウの大《おお》きな□《みみ》と□《め》。

□《め》と□《みみ》をけんさした。

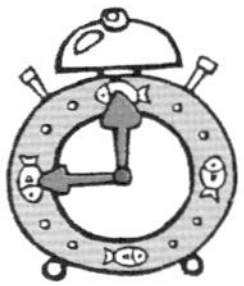

がつ　にち
てん／10てん

66 白《しら》雪《ゆき》ひめと七《しち》人《にん》の小《こ》人《びと》。

七　シチ　なな　ななつ　なの

人　ジン　ニン　ひと

ぼくの年《とし》は□《なな》つです。

□《なの》日《か》に□《なな》草《くさ》がゆを食《た》べる。

一《いち》□《にん》前《まえ》の日本《にほん》□《じん》。

□《じん》るいの知《ち》えを学《まな》ぶ。

ふえの名《めい》□《じん》になりたいな。

白《しら》雪《ゆき》ひめと□《しち》□《にん》の小《こ》□《びと》。

がつ　にち

てん／10てん

67 水車《すいしゃ》が回《まわ》る。

水《スイ・みず》　車《シャ・くるま》

しょうぼう□《しゃ》に□《みず》を入《い》れる。

うば□《ぐるま》に赤《あか》ちゃんをのせる。

電《でん》□《しゃ》は人《ひと》をはこぶ□《くるま》です。

学校《がっこう》で風《かざ》□《ぐるま》を作《つく》る。

花《か》だんに□《すい》道《どう》の□《みず》をまく。

□《すい》□《しゃ》が回《まわ》る。

がつ　にち

てん／10てん

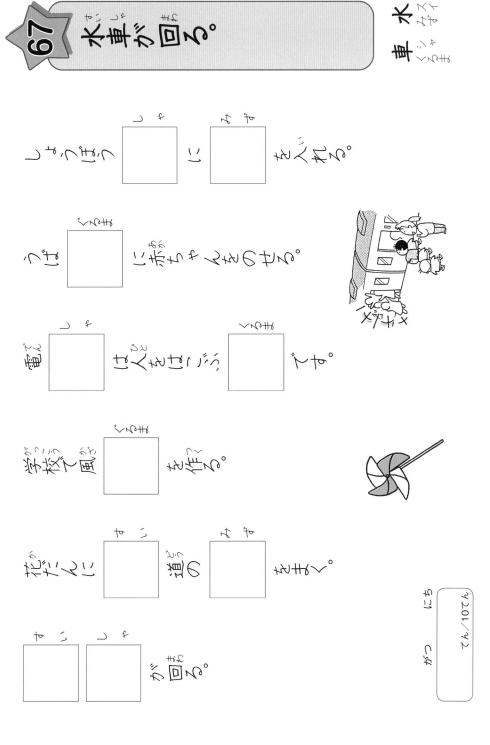

68 一年《いちねん》は男子《だんし》が三十人《さんじゅうにん》。

男 ダン ナン おとこ

十 ジュウ ジッ と とお

□《じゅう》人《にん》□《と》色《いろ》の□《おとこ》の子《こ》。

ぼくは長《ちょう》□《なん》です。

後《あと》□《とお》日《か》で正月《しょうがつ》だ。

□《おとこ》はみかんを□《じっ》こ食《た》べた。

アイスを□《じっ》本《ぽん》買《か》ってきた。

一年《いちねん》は□《だん》子《し》が三《さん》□《じゅう》人《にん》。

がつ　にち

てん／10てん

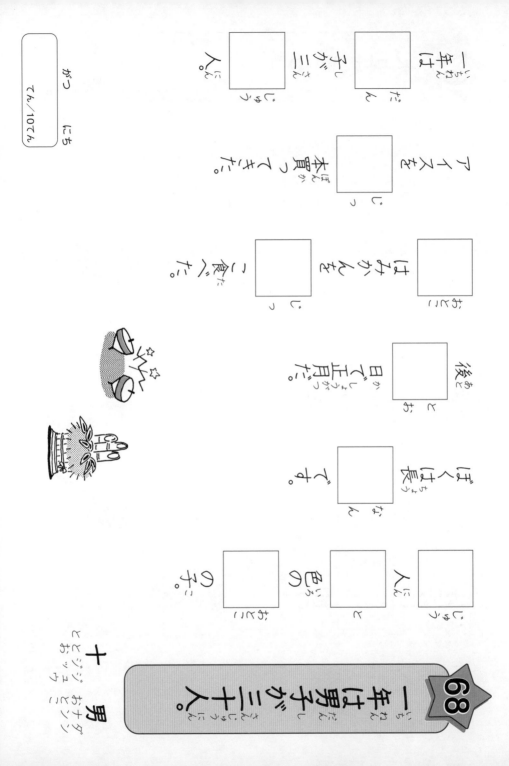

69 先生《せんせい》に作文《さくぶん》を見《み》てもらう。

生　セイ　いきる　いかす　いける　うまれる　はえる　なま

文　ブン　モン

先《せん》□《せい》に赤《あか》ちゃんが□《う》まれた。

「はが□《は》えた。」と一《いち》□《ぶん》でほうこく。

先《せん》□《せい》は□《い》きものをかっている。

たび先《さき》で□《なま》水《みず》はのむな。

口《くち》をま一《いち》□《もん》字《じ》にしめる。

先《せん》□《せい》に作《さく》□《ぶん》を見《み》てもらう。

がつ　にち

てん／10てん

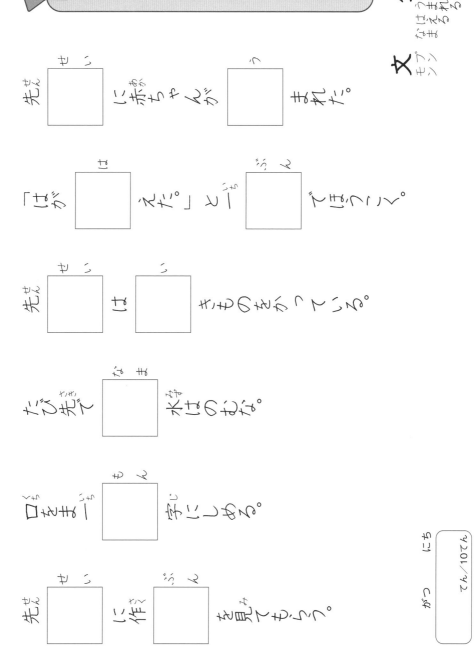

70 六《むっ》つの青《あお》いはこがある。

青　セイ　あお　あおい

六　ロク　む　むっつ　むつ　むい

□《むい》日《か》は□《あお》空《ぞら》でした。

空《から》っぽの□《あお》いビンが六本《ろっぽん》。

四月《しがつ》から□《む》月《つき》たちました。

□《ろく》十人《じゅうにん》の□《せい》年《ねん》だん。

□《あお》虫《むし》を□《ろっ》ぴきつかまえた。

□《むっ》つの□《あお》いはこがある。

がつ　にち

てん／10てん

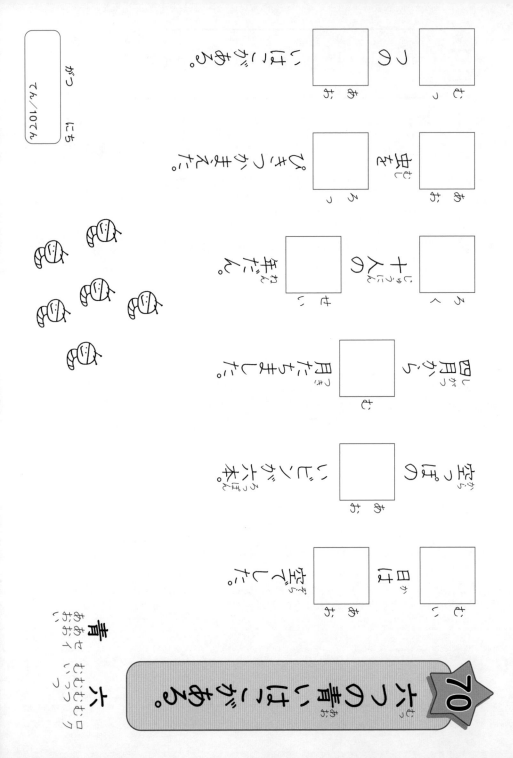

71 夕《ゆう》方《がた》、バスていに立《た》つ。

夕　ゆう

立　リツ　たつ　たてる

とつぜん□《ゆう》□《だち》がきた。

□《ゆう》方《がた》には出《しゅっ》□《たつ》する。

木《き》の下《した》に□《た》つ。

親《おや》からどく□《りつ》した子《こ》ども。

村《そん》□《りつ》小《しょう》学《がっ》校《こう》の子《こ》どもがき□《りつ》。

□《ゆう》方《がた》、バスていに□《た》つ。

がつ　にち

てん／10てん

おうちの方へ

村や町、町立図書館、水田など大人には当たり前のようなことも1年生には難しい言葉があります。説明してあげてください。

72 赤《あか》と白《しろ》の玉《たま》を入《い》れる。

赤《セキ・あか・あかい》
白《ハク・しろ・しろい・しら》

□《あか》いやねの校《こう》しゃ。

□《せき》はんに黒《くろ》ごまと□《しろ》いしお。

□《はく》鳥《ちょう》が□《しろ》い羽《はね》を広《ひろ》げた。

□《あか》組《ぐみ》に□《しら》羽《は》の矢《や》が立《た》つ。

上《うわ》ぎをぬいだら□《しろ》いシャツ。

□《あか》と□《しろ》の玉《たま》を入《い》れる。

がつ　にち

てん／10てん

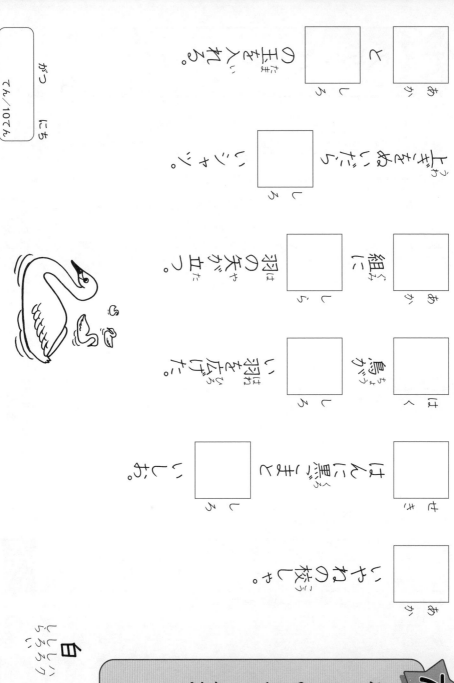

73 千《せん》羽《ば》づるを早《はや》く作《つく》ろう。

千　センち

早　ソウ　はやい　はやまる　はやめる

□《そう》朝《ちょう》に□《はや》おきして□《せん》歩《ぽ》歩《ある》いた。

上《うわ》ぎが八《はっ》□《せん》円《えん》もした。

□《せん》円《えん》で□《ち》とせあめを買《か》った。

学《がく》げい会《かい》が十日《とおか》も□《はや》まった。

出《しゅっ》ぱつを三十分《さんじっぷん》□《はや》めます。

□《せん》羽《ば》づるを□《はや》く作《つく》ろう。

がつ　にち

てん／10てん

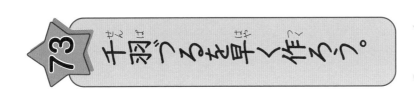

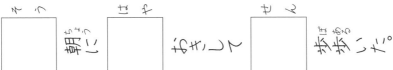

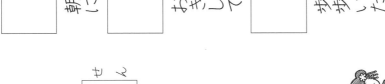

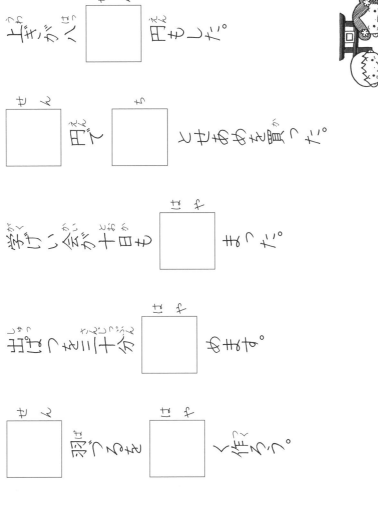

74 村《むら》の外《はず》れに小《お》川《がわ》がある。

村《むら》《ソン》　川《かわ》

□《そん》長《ちょう》さんの名前《なまえ》は□《かわ》□《むら》。

□《むら》を分《わ》ける大《おお》きな□《かわ》。

□《かわ》で水《みず》あそびをする。

小《ちい》さな□《かわ》をわたる。

□《かわ》ぞこの石《いし》をひろう。

□《むら》の外《はず》れに小《お》□《がわ》がある。

がつ　にち

てん／10てん

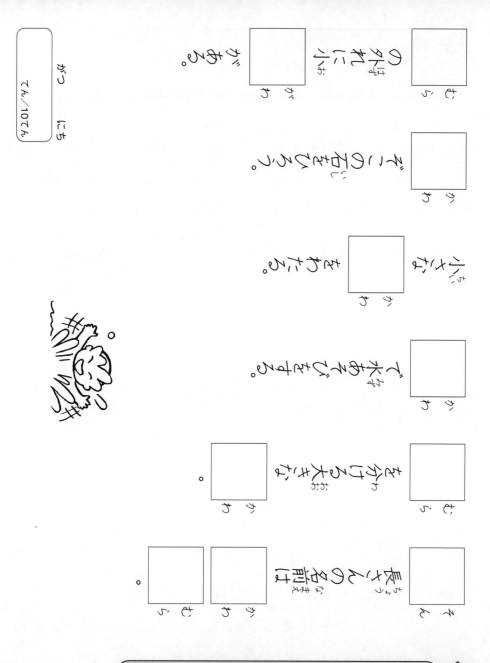

75 土《ど》曜《よう》日《び》に先《せん》生《せい》が来《く》る。

先 サセ キン
土 ドト つち

□《せん》頭《とう》で□《つち》をはこぶ。

□《ど》手《て》でツクシを見《み》つけた。

広《ひろ》い□《と》地《ち》でみんなであそぶ。

□《さき》にねん□《ど》で形《かたち》を作《つく》る。

□《せん》生《せい》がねん□《ど》に色《いろ》をぬる。

□《ど》曜《よう》日《び》に□《せん》生《せい》が来《く》る。

がつ　にち

てん／10てん

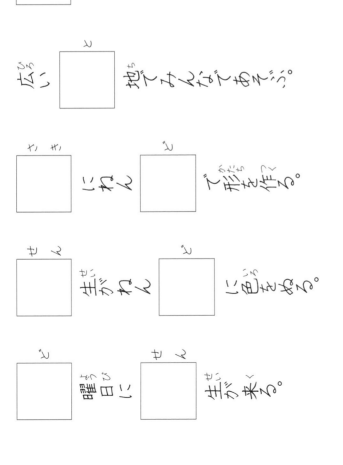

76 草《くさ》むらで虫《むし》を見《み》つけた。

草 ソウ くさ
虫 チュウ むし

また□《くさ》が生《は》えてきた。

白《しろ》うさぎに□《くさ》をやった。

□《そう》原《げん》で牛《うし》が□《くさ》を食《た》べる。

バッタは□《そう》食《しょく》の□《むし》。

□《くさ》むらでこん□《ちゅう》をさがす。

□《くさ》むらで□《むし》を見《み》つけた。

がつ　にち

てん／10てん

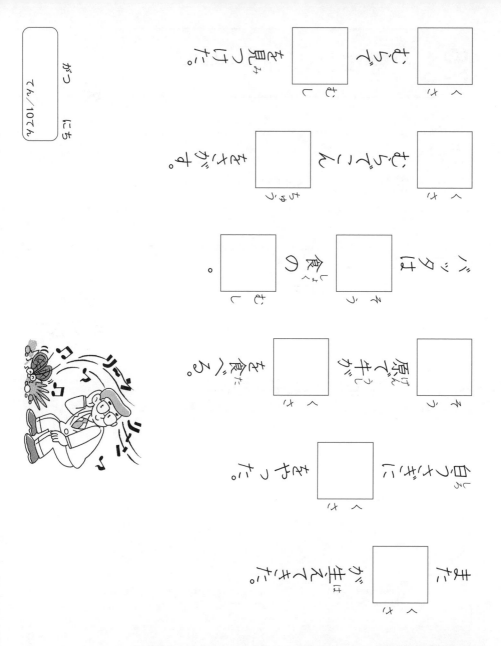

77 町立図書《ちょうりつとしょ》かんで本《ほん》を読《よ》む。

町 チョウ まち
本 ホン もと

□《まち》中《じゅう》の人《ひと》があつまる秋《あき》まつり。

となり□《まち》で□《ほん》を買《か》った。

□《まち》のシンボルの木《き》のね□《もと》。

□《ほん》文《ぶん》をしっかり読《よ》む。

竹《たけ》が六《ろっ》□《ぽん》、木《き》が三《さん》□《ぼん》。

□《ちょう》立図書《りつとしょ》かんで□《ほん》を読《よ》む。

がつ　にち

てん／10てん

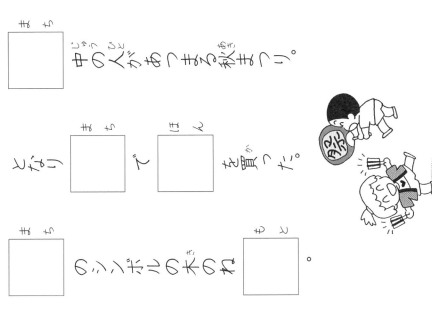

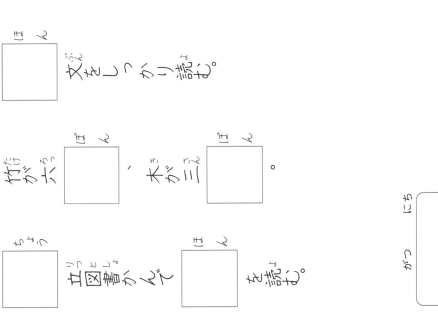

78 雨《う》天《てん》でも田《た》うえをする。

天　テン　あま

田　デン　た

□《あま》の川《がわ》が水《すい》□《でん》にうつる。

□《てん》じょうを見《み》上《あ》げる。

□《あま》のじゃくの□《てん》気《き》よほう。

□《た》うえにちょうどいい□《てん》気《き》。

男《おとこ》の人《ひと》が□《た》んぼではたらく。

雨《う》□《てん》でも□《た》うえをする。

がつ　にち

てん／10てん

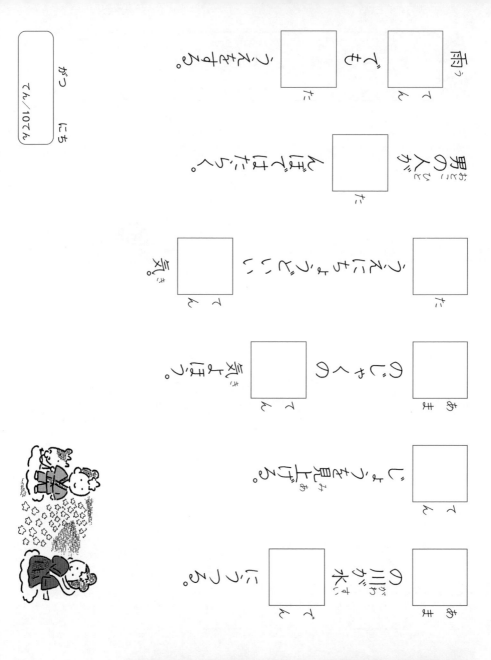

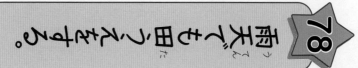

79 一《いち》年《ねん》生《せい》は八《はち》人《にん》です。

八　ハチ　や　やっ　やっつ　よう

年　ネン　とし

わたしは午《うま》□《どし》生《う》まれ。

六《ろく》□《ねん》生《せい》は□《やっ》つ□《とし》上《うえ》です。

□《ねん》長《ちょう》組《ぐみ》の弟《おとうと》に□《や》つ当《あ》たりする。

一月《いちがつ》□《よう》日《か》から三学《さんがっ》き。

五《いつ》、六《む》、七《なな》、□《や》、九《ここの》つ、十《とお》。

一《いち》□《ねん》生《せい》は□《はち》人《にん》です。

がつ　にち

てん／10てん

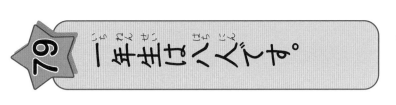

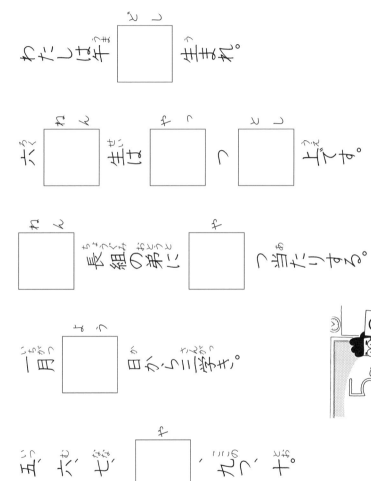

80 力《ちから》を入《い》れて名《な》前《まえ》を書《か》いた。

力 リョク　リキ　ちから

名 メイ　ミョウ　な

1. 二人《ふたり》で□《ちから》を合《あ》わせる。
2. うんどう会《かい》で□《りき》走《そう》する。
3. 気《き》□《りょく》も体《たい》□《りょく》も大切《たいせつ》です。
4. 三《さん》□《めい》の□《みょう》字《じ》が同《おな》じ。
5. きょう□《りょく》して木《き》の□《な》前《まえ》をしらべた。
6. □《ちから》を入《い》れて□《な》前《まえ》を書《か》いた。

がつ　にち

てん／10てん

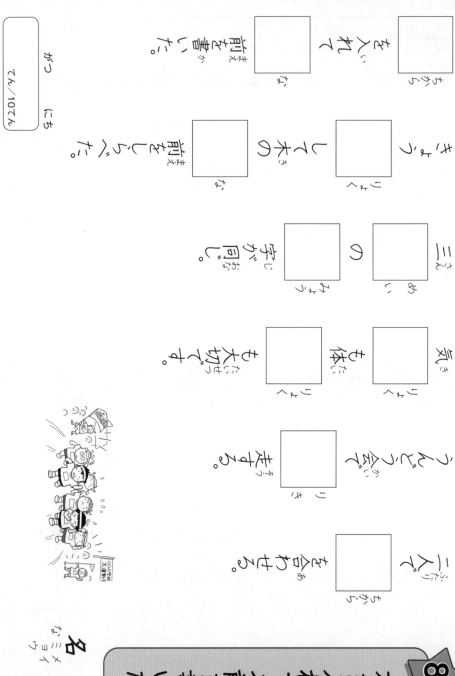

81 もうすぐ花火《はなび》大会《たいかい》です。

花《はな　カ》　火《ひ　カ》

□《はな》に水《みず》をやる。

草《くさ》□《ばな》を大《だい》じにそだてる。

きれいな□《はな》□《び》を見《み》た。

□《か》曜日《ようび》は□《ひ》の用心《ようじん》で夜回《よまわ》りをする。

□《か》山《ざん》が□《ひ》をふいた。

もうすぐ□《はな》□《び》大会《たいかい》です。

がつ　にち

てん／10てん

おうちの方へ　ここから３回目に入ります。ぜひ覚えて欲しい言葉を出題しています。初めの例題に出る漢字をしっかり練習させてください。

82 大《おお》雨《あめ》で遠《えん》足《そく》が中《ちゅう》止《し》。

大
ダイ
タイ
おお
おおきい
おおいに

雨
ウ
あめ
あま

□《おお》ぜいの人《ひと》が□《あめ》にぬれた。

□《たい》へんだ、□《おお》□《あめ》になった。

空《そら》がくらくなり□《あめ》になった。

□《あめ》ふりはいやな天《てん》気《き》です。

□《あま》がさをさして出《で》かける。

□《おお》□《あめ》で遠《えん》足《そく》が中《ちゅう》止《し》。

がつ　にち

てん／10てん

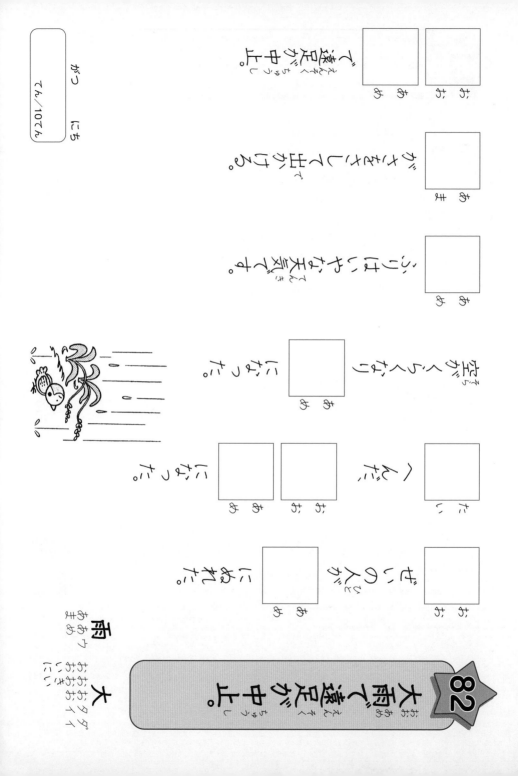

83 右手《みぎて》をまっすぐ上《あ》げる。

手 てシュ
右 みぎユウ

左《さ》□《ゆう》の□《て》を合《あ》わせる。

□《みぎ》□《て》でボールをなげる。

そこの角《かど》で□《う》せつする。

りょう□《て》を上《あ》げてはく□《しゅ》します。

水《すい》えいのせん□《しゅ》になる。

□《みぎ》□《て》をまっすぐ上《あ》げる。

がつ　にち

てん／10てん

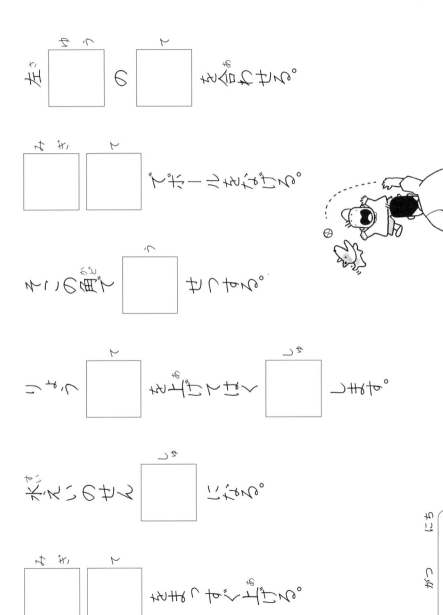

84 左《ひだり》足《あし》でボールをける。

左　サ　ひだり
足　ソク　あし　たりる

□《ひだり》ハンドルの車《くるま》もある。

□《さ》せつする車《くるま》にちゅうい。

ぬき□《あし》さし□《あし》しのび□《あし》。

わたしは□《ひだり》ききで、□《あし》がはやい。

あしたは遠《えん》□《そく》楽《たの》しみだ。

□《ひだり》□《あし》でボールをける。

がつ　にち

てん／10てん

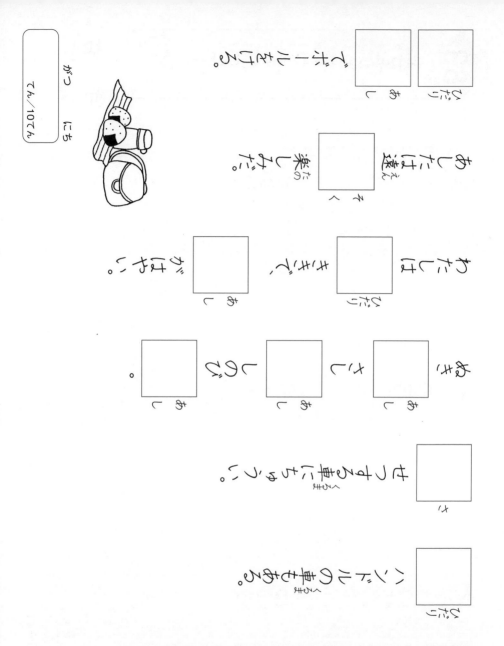

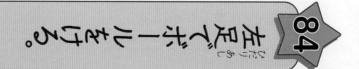

85 学《がっ》校《こう》でべん強《きょう》する。

学 ガク まなぶ
校 コウ

□《がっ》□《こう》で計算《けいさん》を□《まな》ぶ。

高《こう》□《がく》年《ねん》のおねえさん。

□《がく》しゅうは楽《たの》しいです。

□《こう》しゃに□《こう》門《もん》から出入《でい》りする。

友《とも》だちと下《げ》□《こう》する。

□《がっ》□《こう》でべん強《きょう》する。

がつ　にち
てん／10てん

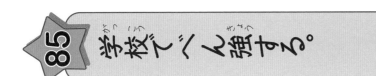

86 先生《せんせい》にあいさつをする。

先《セン・さき》
生《セイ・ショウ・いきる・いかす・うまれる・うまれる・はえる・なま》

かあさんは小学校《しょうがっこう》の□《せん》□《せい》です。

ようち園《えん》の□《せん》□《せい》に会《あ》った。

校長《こうちょう》□《せん》□《せい》はやさしいです。

ゆび□《さき》にトンボがとまる。

みんなの力《ちから》を□《い》かす。

□《せん》□《せい》にあいさつをする。

がつ　にち

てん／10てん

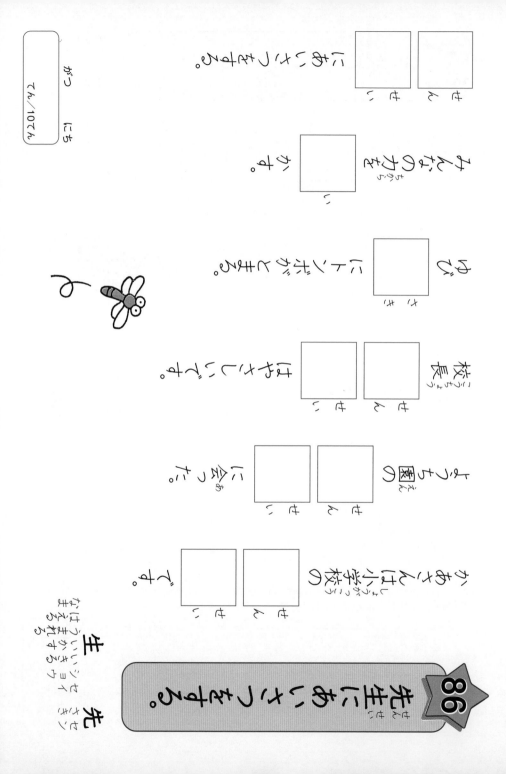

87 天気《てんき》のいい日《ひ》がつづく。

天 テン あま
気 ケキ

きょうもいい□《てん》□《き》だ。

□《てん》□《き》よほうを見《み》る。

あしたの□《てん》□《き》が気《き》になる。

雨《う》□《てん》はいやだな。

べん強《きょう》がおわっていい□《き》もち。

□《てん》□《き》のいい日《ひ》がつづく。

がつ　にち

てん／10てん

88 入《い》り口《ぐち》は右《みぎ》がわです。

入　ニュウ　いる　いれる　はいる

口　コウ　ク　くち

□《い》り□《ぐち》が広《ひろ》いたてものです。

□《い》り□《ぐち》がわかりにくい。

校門《こうもん》から□《はい》ります。

□《くち》にラムネを□《い》れる。

町《まち》の人《じん》□《こう》は二万人《にまんにん》。

□《い》り□《ぐち》は右《みぎ》がわです。

がつ　にち

てん／10てん

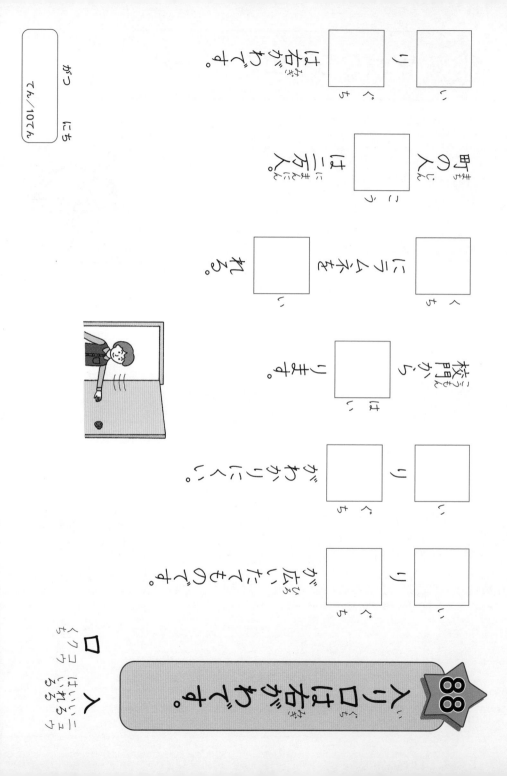

89 サッカーずきの男《おとこ》の子《こ》。

男　ダン　ナン　おとこ

子　シ　ス　こ

□《おとこ》の□《こ》は五十人《ごじゅうにん》。

親切《しんせつ》な□《おとこ》の□《こ》。

今回《こんかい》は□《だん》□《し》がかった。

親《おや》□《こ》四人《よにん》でさん歩《ぽ》する。

□《こ》どもは元気《げんき》にあそびます。

サッカーずきの□《おとこ》の□《こ》。

がつ　にち

てん／10てん

90 二《に》年《ねん》生《せい》はもうすぐだ。

年 ネン　とし

生 セイ　ショウ　いきる　いかす　いける　うまれる　うまれる　はえる　なま

二《に》□《ねん》□《せい》とゲームをした。

六《ろく》□《ねん》□《せい》は大人《おとな》みたい。

二〇一五《にせんじゅうご》□《ねん》□《う》まれです。

来《らい》□《ねん》の夏休《なつやす》みは海外《かいがい》りょ行《こう》。

かあさんは□《い》け花《ばな》の先生《せんせい》。

二《に》□《ねん》□《せい》はもうすぐだ。

がつ　にち

てん／10てん

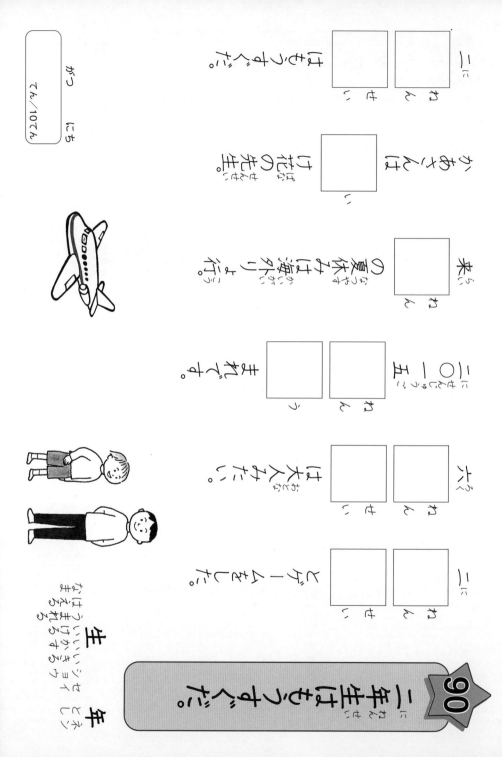

91 町《まち》や村《むら》の青年《せいねん》だん。

町　チョウ　まち
村　ソン　むら

□《むら》や□《まち》の田《た》うえがはじまる。

□《むら》人《びと》があつまる□《むら》まつり。

□《むら》外《はず》れに大木《たいぼく》がある。

□《ちょう》内会《ないかい》でもちつきをした。

□《そん》長《ちょう》がとなり□《まち》にバスで行《い》く。

□《まち》や□《むら》の青年《せいねん》だん。

がつ　にち
てん／10てん

おうちの方へ　最後の10ページです。ていねいな字を書かせて終わりにしてください。

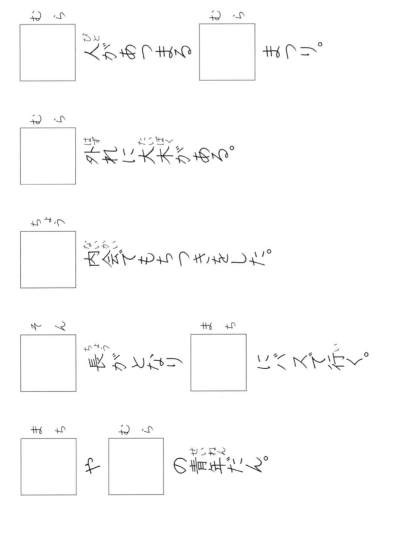

92 白《しろ》い犬《いぬ》をつれた人《ひと》。

白 ハク　しろ　しろい　しら

犬 ケン　いぬ

□《しろ》い□《いぬ》が走《はし》って行《い》く。

黒《くろ》□《いぬ》と□《しろ》□《いぬ》。

もうどう□《けん》をそだてる。

上下《じょうげ》とも□《しろ》いふく。

きゅう食《しょく》の□《はく》いをきる。

□《しろ》い□《いぬ》をつれた人《ひと》。

がつ　にち

てん／10てん

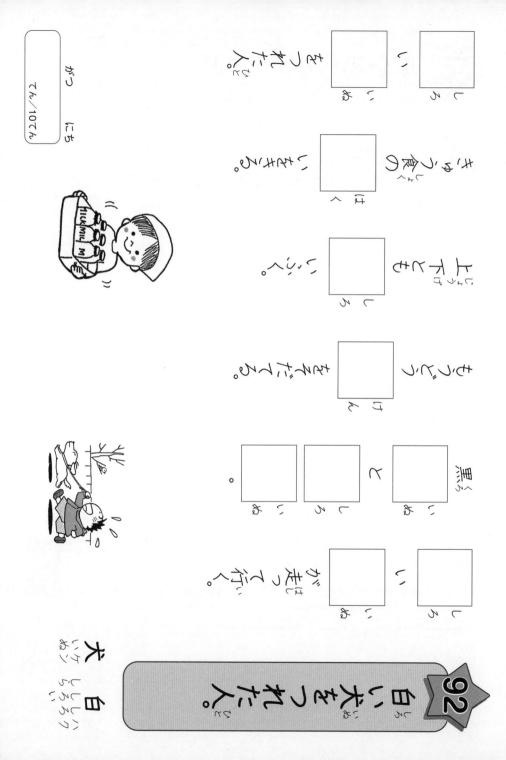

93 千円《せんえん》でお買《か》いもの。

千 セン
円 エン まるい

□□《せんえん》さつ十《じゅう》まいで一万円《いちまんえん》。

□□《せんえん》出《だ》しておつりをもらう。

□《せん》年前《ねんまえ》の□《まる》いおさら。

一《いち》□《えん》でも大《だい》じにする。

□《まる》いテーブルがある。

□□《せんえん》でお買《か》いもの。

がつ　にち
てん／10てん

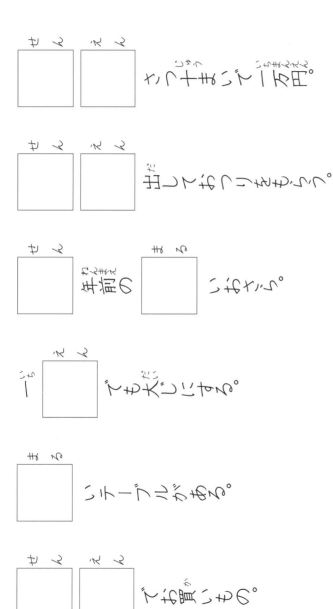

94 青《あお》い空《そら》にうかぶ雲《くも》。

青 セイ　あお　あお い

空 クウ　そら　あく　から

□《あお》い□《そら》にかかるにじ。

十月《じゅうがつ》のきれいな□《あお》□《ぞら》。

□《あお》色《いろ》の□《から》のコップ。

□《そら》とぶ円《えん》ばんはあるかな。

となりは□《あ》きべやです。

□《あお》い□《そら》にうかぶ雲《くも》。

がつ　にち

てん／10てん

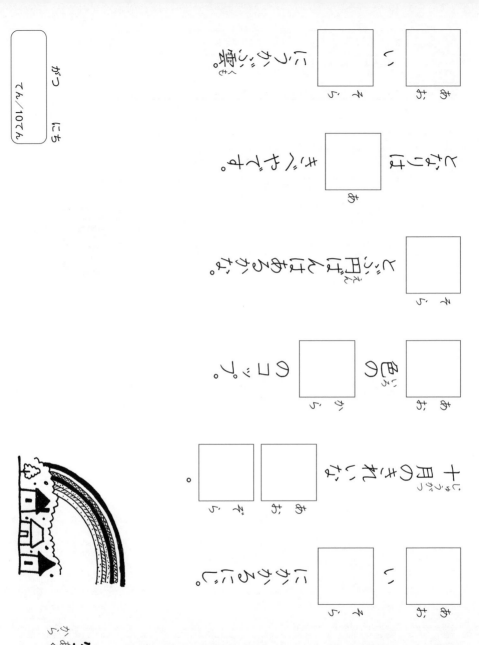

95 金《きん》の糸《いと》でかざりを作《つく》る。

金 キン コン かね かな

糸 シ いと

□《きん》□《し》をつかったストラップ。

□《かな》づちでくぎをうつ。

□《きん》魚《ぎょ》を六《ろっ》ぴきかっている。

□《きん》曜《よう》日《び》に□《いと》電《でん》話《わ》であそんだ。

□《かな》あみに□《いと》がからまった。

□《きん》の□《いと》でかざりを作《つく》る。

がつ　にち

てん／10てん

96 耳《みみ》の上《うえ》が赤《あか》くなった。

耳　みみ
上　ジョウ　うえ　うわ　かみ　あげる　あがる　のぼる

1. □《みみ》をすまして聞《き》く。
2. うさぎが□《みみ》を□《うえ》に立《た》てた。
3. □《みみ》の□《うえ》に□《みみ》当《あ》てをする。
4. □《うわ》ぐつをそろえる。
5. □《じょう》空《くう》を鳥《とり》がとぶ。
6. □《みみ》の□《うえ》が赤《あか》くなった。

がつ　にち
てん／10てん

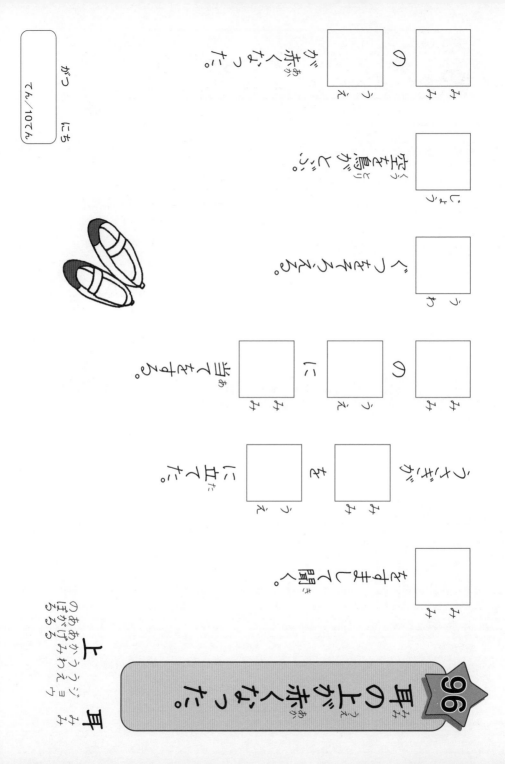

97 赤《あか》い虫《むし》はテントウムシ。

赤　セキ　あか　あかい

虫　チュウ　むし

ベニボタルも□《あか》い□《むし》。

□《あか》ちゃんの手《て》に□《むし》がとまる。

□《あか》いおり紙《がみ》で□《むし》をおる。

小《ちい》さなよう□《ちゅう》を見《み》つけた。

耳《みみ》をすまして□《むし》の音《ね》を聞《き》く。

□《あか》いこん□《ちゅう》はテントウムシ。

がつ　にち

てん／10てん

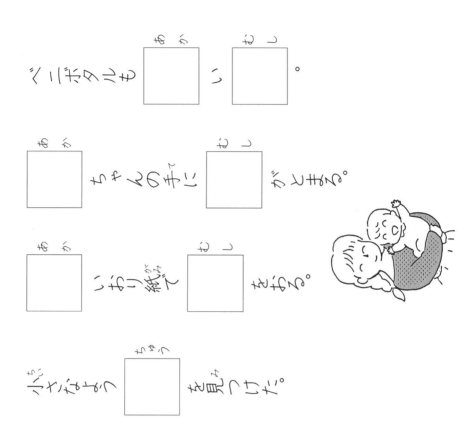

98 土《つち》の中《なか》に虫《むし》がいた。

土 ド ト つち
中 チュウ ジュウ なか

花《か》だんの□《つち》の□《なか》の石《いし》をとる。

□《ど》手《て》で□《つち》だん子《ご》を作《つく》った。

ダンプが通《とお》って□《つち》ぼこり。

百人《ひゃくにん》□《ちゅう》六十人《ろくじゅうにん》が女《おんな》の人《ひと》だ。

おとうさんは□《ど》木作《ぼくさ》ぎょう□《ちゅう》。

□《つち》の□《なか》に虫《むし》がいた。

がつ　にち

てん／10てん

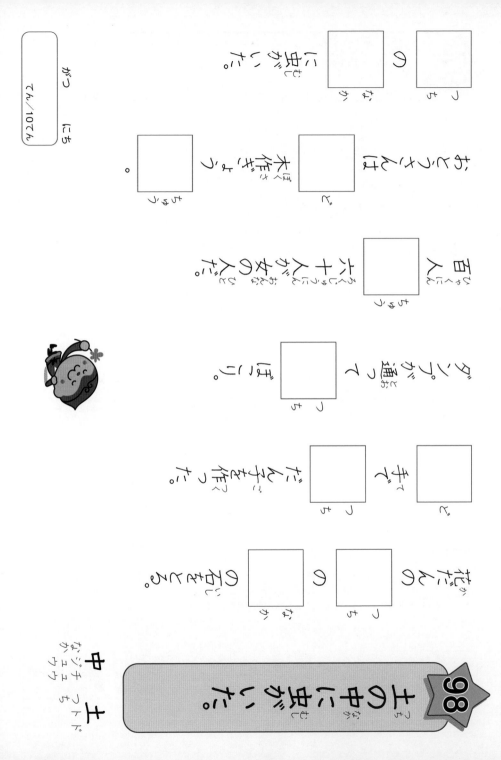

99 お正月《しょうがつ》にはお年玉《としだま》。

正　セイ　ショウ　ただしい　まさ

月　ゲツ　ガツ　つき

お□《しょう》□《がつ》にたこあげをする。

早《はや》く来《こ》い来《こ》いお□《しょう》□《がつ》。

□《ただ》しいしせいで□《つき》の絵《え》をかく。

きれいな□《つき》が上《のぼ》ってきた。

つぎの□《げつ》曜日《ようび》は休《やす》みです。

お□《しょう》□《がつ》にはお年玉《としだま》。

がつ　にち

てん／10てん

100 バスは人《ひと》をはこぶ車《くるま》です。

人 ジン ニン ひと
* 一人《ひとり》
車 シャ くるま

□《にん》数《ずう》によって□《くるま》もかわる。

□《じん》力《りき》□《しゃ》も左《ひだり》を通《とお》る。

友《とも》だちの□《くるま》いすを一□《ひとり》でおす。

しょうぼう□《しゃ》は、赤《あか》い色《いろ》。

弟《おとうと》が三《さん》りん□《しゃ》であそぶ。

バスは□《ひと》をはこぶ□《くるま》です。

がつ　にち

てん／10てん

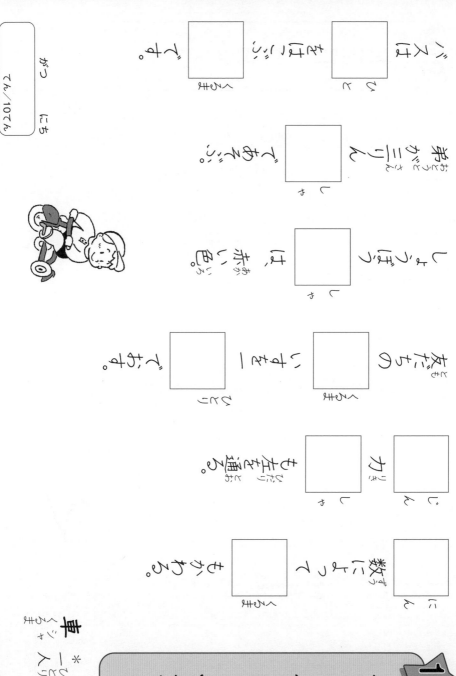

1年生《ねんせい》で　ならう　かん字《じ》　80字《じ》

※は　とくべつな　よみ、（　）は　中学《ちゅうがく》で　ならいます。

ア

- 一　イチ　イツ　ひと　ひとーつ
- 右　ウ　ユウ　みぎ
- 雨　ウ　あめ　※あま
- 円　エン　まるーい
- 王　オウ
- 音　オン　おと　ね

カ

- 下　カ　ゲ　した　しも　さーげる　くだーる　おーろす
- 火　カ　ひ
- 花　カ　はな
- 貝　かい
- 学　ガク　まなーぶ
- 気　キ　ケ
- 九　キュウ　ク　ここの　ここのーつ

カ

- 休　キュウ　やす-む
- 玉　ギョク　たま
- 金　キン　コン　かね　※かな
- 空　クウ　そら　あ-く　から
- 月　ゲツ　ガツ　つき
- 犬　ケン　いぬ
- 見　ケン　み-る　み-える　み-せる
- 五　ゴ　いつ　いつ-つ

カ

- 口　コウ　ク　くち
- 校　コウ

サ

- 左　サ　ひだり
- 三　サン　み　み-つ　みっ-つ
- 山　サン　やま
- 子　シ　ス　こ
- 四　シ　よ　よ-つ　よっ-つ　よん
- 糸　シ　いと

サ

- **字** ジ
- **耳** (ジ) / みみ
- **七** シチ / なな / なな-つ / ※なの
- **車** シャ / くるま
- **手** シュ / て
- **十** ジュウ / ジッ / とお / と
- **出** シュツ / で-る / だ-す
- **女** ジョ / おんな

サ

- **小** ショウ / ちい-さい / こ / お
- **上** ジョウ / うえ / ※うわ / かみ / あ-げる / あ-がる / のぼ-る
- **森** シン / もり
- **人** ジン / ニン / ひと
- **水** スイ / みず
- **正** セイ / ショウ / ただ-しい / ただ-す / まさ

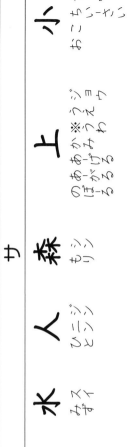

サ

先	セン　さき
川	(セン)　かわ
千	セン　ち
赤	セキ　あか　あか-い
石	セキ　※シャク　いし
夕	(セキ)　ゆう
青	セイ　あお　あお-い
生	セイ　ショウ　い-きる　い-かす　い-ける　う-まれる　は-える　なま

タ

中	チュウ　ジュウ　なか
竹	チク　たけ
男	ダン　ナン　おとこ
大	ダイ　タイ　おお　おお-きい　おお-いに

サ

村	ソン　むら
足	ソク　あし　た-りる
草	ソウ　くさ
早	ソウ　はや-い　はや-まる　はや-める

タ

虫	チュウ、むし
町	チョウ、まち
天	テン、※あま
田	デン、た
土	ド、ト、つち

ナ

二	ニ、ふた、ふた-つ
日	ニチ、ジツ、ひ、か
入	ニュウ、い-る、い-れる、はい-る

ナ

年	ネン、とし

ハ

白	ハク、しろ、しろ-い、※しら
八	ハチ、や、や-つ、やっ-つ、※よう
百	ヒャク
文	ブン、モン
木	ボク、モク、き、※こ
本	ホン、もと

マ

名
メイ
ミョウ
な

目
モク
め

ラ

立
リツ
た-つ
た-てる

力
リョク
リキ
ちから

林
リン
はやし

六
ロク
む
む-つ
むっ-つ
※むい

とくべつな　よみかた

大人 おとな

上手 じょうず

七夕 たなばた

一日 ついたち

一人 ひとり

二人 ふたり

二日 ふつか

かん字クイズ

かん字《じ》の　たしざんを　しましょう。
どんな　かん字が　できるかな。
（こたえは　つぎの　ページです。）

① 日　たす　一　は　□

② 木　たす　林　は　□

③ 田　たす　力　は　□

④ 土　たす　一　は　□

★こたえ
① 耳　② 月　③ 学　④ 赤

かん字クイズ

どこか へんだよ？
正《ただ》しい かん字《じ》を □に かきましょう。（こたえは まえの ページです。）

① 耳 → □

② 月 → □

③ 学 → □

④ 赤 → □

★こたえ
① 目 ② 森 ③ 男 ④ 王

えを　見《み》て　□に　かん字《じ》を　かきましょう。
できたら、いろを　ぬりましょう。

①おとこ □ の ②こ □

③おんな □ の ④こ □

⑤め □

⑥みみ □

⑦くち □

⑧て □

⑨あし □

★こたえ

①男　②子　③女
④子　⑤目　⑥耳
⑦口　⑧手　⑨足

学《がく》しゅうの　きろく

	学しゅうした　かん字	てんすう
1	山・木	
2	本・一	
3	森・虫	
4	竹・林	
5	二・犬	
6	百・人	
7	雨・足	
8	天・川	
9	正・月	
10	日・休	
11	学・校	
12	耳・大	
13	先・生	
14	村・田	
15	貝・水	
16	上・四	
17	青・空	
18	花・火	
19	十・七	
20	夕・赤	
21	左・右	
22	円・石	
23	王・玉	
24	年・音	
25	車・気	

	学しゅうした　かん字	てんすう
26	口・下	
27	九・男	
28	金・草	
29	五・糸	
30	三・入	
31	子・土	
32	字・手	
33	文・名	
34	力・出	
35	六・女	
36	小・千	
37	早・目	
38	町・中	
39	白・見	
40	八・立	
41	二・一	
42	右・入	
43	出・口	
44	金・雨	
45	木・気	
46	百・円	
47	王・九	
48	石・音	
49	上・下	
50	火・日	

	学しゅうした かん字	てんすう
51	花・中	
52	小・貝	
53	見・学	
54	校・休	
55	女・玉	
56	大・空	
57	山・月	
58	犬・足	
59	竹・五	
60	左・手	
61	三・糸	
62	子・森	
63	林・四	
64	正・字	
65	目・耳	
66	七・人	
67	水・車	
68	男・十	
69	生・文	
70	六・青	
71	夕・立	
72	赤・白	
73	千・早	
74	村・川	
75	土・先	

	学しゅうした かん字	てんすう
76	草・虫	
77	町・本	
78	天・田	
79	年・八	
80	力・名	
81	花・火	
82	大・雨	
83	右・手	
84	左・足	
85	学・校	
86	先・生	
87	天・気	
88	入・口	
89	男・子	
90	年・生	
91	町・村	
92	白・犬	
93	千・円	
94	青・空	
95	金・糸	
96	耳・上	
97	赤・虫	
98	土・中	
99	正・月	
100	人・車	

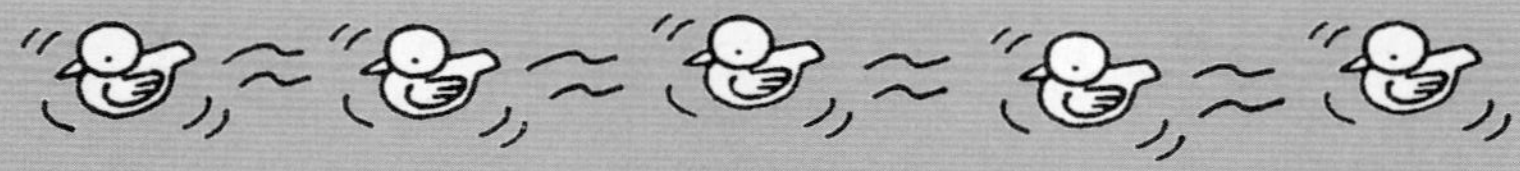